चीफ़ मिनिस्टर

चीफ़ मिनिस्टर

मूल मराठी नाटक 'भाऊ मुरारराव' का हिन्दी अनुवाद

विजय तेंडुलकर

अनुवाद

ललित देसाई

वाणी प्रकाशन

वाणी प्रकाशन

4695, 21-ए, दरियागंज, नयी दिल्ली 110 002

शाखा

अशोक राजपथ, पटना 800 004

फ़ोन : +91 11 23273167 फ़ैक्स :+91 11 23275710

www.vaniprakashan.in
vaniprakashan@gmail.com
sales@vaniprakashan.in

CHIEF MINISTER
by Vijay Tendulkar
Translated by Lalit Desai

ISBN : 978-93-87330-97-9
Play

प्रथम (वाणी) संस्करण

मूल्य : ₹ 225

सिटी प्रेस, दिल्ली-110 095 में मुद्रित

वाणी प्रकाशन का लोगो मक़बूल फ़िदा हुसेन की कूची से

पात्र-परिचय

पुरुष-पात्र

मुरारराव	:	चीफ़ मिनिस्टर (मुख्यमन्त्री)
देसाई	:	हर सत्ताधारी से चिपटे रहने वाला चाटुकार
मोगरे	:	चीफ़ मिनिस्टर का पी.ए.
नानालाल	:	एक व्यापारी
टी.टी.	:	विरोधी दल का एम.एल.ए.
रावसाहब	:	चीफ़ मिनिस्टर के दल के हाई कमाण्ड का सदस्य तथा कैबिनेट मन्त्री
सुदाम	:	मन्त्रिमण्डल का सदस्य—कैबिनेट मन्त्री
आदमी (सिन्दकर)	:	एक सामान्य व्यक्ति, जिसने कभी मुरारराव के लिए अपनी किडनी दी थी
सदावर्ते	:	सरकारी अधिकारी
		सिपाही, नौकर, आदि

स्त्री-पात्र

मंजुला	:	चीफ़ मिनिस्टर की पत्नी

पहला अंक

[सायंकाल। टेबल पर हार और फूलों के गुच्छों का बहुत बड़ा ढेर रखा है।]

मुरारराव : *(टेलीफोन पर बात कर रहे हैं।)* नहीं-नहीं मैं सिर्फ़ निमित्त मात्र हूँ। विजय तो आप सबकी शुभकामनाओं का फल है। हाँ हाँ। जिम्मेदारी बहुत बड़ी है। काम आसान नहीं है। सम्पादकीय लिखेंगे? लिखिए, ज़रूर लिखिए, लेकिन फिजूल ज़्यादा मेरी तारीफ मत कीजिए। मैं बहुत छोटा आदमी हूँ। पार्टी के नेताओं की कृपा है। नहीं, निर्णय एकमत से ही हुआ था। आपकी जानकारी गलत है। बिल्कुल गलत। देखिए ऐसा है, मतभेद तो होते ही हैं, पसन्द-नापसन्द की बात भी होती है, आखिर पार्टी इनसानों से ही बनती है। फैसला एकमत से हुआ था। रावसाहब ने खुद ही तो मेरे नाम का सुझाव दिया था। चौधरी साहब ने अनुमोदन किया था।

[देसाई उनके पीछे एक मोटा हार लिए फोटोग्राफर के साथ खड़ा है।]

आइये। पहले अपोइण्टमेण्ट लेकर आया करें। कल सुबह दिल्ली जा रहा हूँ। शाम को वापिस आऊँगा। ठीक है। अभी-अभी ज़रा फुरसत मिली है। सुबह से भीड़ लगी हुई थी। टेलीविज़न के लिए राज्य के नाम अभी सन्देश भी रिकार्ड करवाना है। आज शाम को ही प्रसारित होगा। चलता है। आज ही का तो दिन है। अभी पीछे ही उस बीमारी से उठा हूँ। लेकिन ज़्यादा मेहनत से अभी भी थकान हो जाती है। नहीं, अब तबीयत बिल्कुल ठीक

है। ईश्वर की कृपा है। और हाँ, आज के पेपर में आपने
हमारा वह इश्तहार डाल दिया, उसके लिए धन्यवाद। रात ज़रा देर हो गयी थी देने में। लोग कुछ कह तो नहीं रहे? जिस तक पहुँचना चाहिए, उस तक पहुँच गया, तभी फायदा है। देखते हैं। अच्छा थैंक यू। *(रिसीवर रख कर वहीं अनमने-से खड़े रहते हैं।)*

देसाई : *(पीछे से)* मुबारक हो!

मुरार : *(घूमकर)* कौन?

देसाई : साहब मैं, अनन्त देसाई। मुबारक हो! बहुत-बहुत मुबारक हो! ज़रा देर हो गयी। *(सामने आकर जबरदस्ती हार डालता है। मुरारराव जम्हाई रोकते हैं। फोटोग्राफर फोटो लेता है।)* बहुत अच्छा हुआ।

मुरार : थैंक यू।

देसाई : आपका मुख्यमन्त्री पद के लिए चुना जाना, इस राज्य के लिए बड़े सौभाग्य की बात है। अब तो यह राज्य हर बात में आगे रहेगा। इसमें शक की कहीं गुंजाइश ही नहीं।

मुरार : अच्छा!

देसाई : विरोधी तक कह रहे हैं...यह सम्मान आपका नहीं, पूरे राज्य का सम्मान है।

मुरार : *(नौकर के हाथ में पकड़ी ट्रे में से दो पेड़े निरपेक्ष भाव से देते हुए)* लीजिए, पेड़े लीजिए। चाय लेंगे? *(फोन बजता है। मुरारराव की मुद्रा चिढ़ी हुई)*

देसाई : मैं देखूँ साब, किसका फोन है? *(मुरारराव इशारे से मना करते हुए फोन उठाते हैं। देसाई फोटोग्राफर के कान के पास बात करके उसे वापस भेज देता है।)*

मुरार : *(रिसीवर में)* कौन आई.जी.पी. बसाले? क्या कह रहे हैं? बात करना चाहते हैं? दीजिए, लाइन दीजिए। *(जम्हाई रोकते हुए)* श्रेय तो बड़ों को ही है। मैं बहुत छोटा इनसान हूँ। आप सबके सहयोग से जो भी कुछ बन पड़ेगा, करूँगा। *(जम्हाई रोकते हैं।)* हाँ-हाँ मालूम

है। क्या कह रहे हैं? *(एकदम चौकन्ने हो जाते हैं, और फिर ढीले पड़ जाते हैं।)* मैंने सोचा, मिल गया। अभी तक नहीं मिला? पता गलत है, तो सही पता ढूँढ़ना भी तो आपका काम है बसाले! नाम गलत होने की कोई गुंजाइश नहीं है। नहीं, मुझे नहीं लगता। चाहे कहीं से भी ढूँढ़ लाइये। दैट्स युअर हैडेक। पुलिस फोर्स है आपके पास, कोई ऐरे-गैरों की सेना तो नहीं इकट्ठी हो गयी। चौबीस घण्टे देता हूँ आपको। कोना-कोना छानिये पर उसे ज़िन्दा—या नहीं—ज़िन्दा ही—लाकर हाज़िर कीजिए। अब और बहाने नहीं सुने जायेंगे।

[रिसीवर पटक कर विचारमग्न खड़े रहते हैं।]

देसाई : किसके बारे में बात हो रही थी साब? वैसे ही पूछ रहा हूँ—

मुरार : पहले के मुख्यमन्त्रियों को भी आप ऐसे ही पूछते होंगे देसाई?

देसाई : *(हँसते हुए)* हाँ-हाँ साब! अपनी तो हाजिरी पिछले दस सालों से रोज़ लग रही है यहाँ। आप तीसरे सी.एम. हैं। पर आप इतने डिस्टर्ब किसलिए हैं? मिलना किससे चाहते हैं? हम ले आयेंगे उसे ढूँढ़कर...उसमें है क्या?

[टेलीफोन बजता है।]

मुरार : *(रिसीवर पर)* यैस?

मोगरे : *(लाइन पर)* साहब मैं मोगरे। नानालाल जमनादास आये हैं आपके अभिनन्दन के लिए।

मुरार : नानालाल! अच्छा-अच्छा, वो नानालाल। भेजिये उसे।

[नानालाल फूलों का एक बड़ा-सा बुके लेकर आते हैं।]

देसाई : *(नानालाल को अपनत्व से)* आइये नानालाल।

नानालाल : *(देसाई की परवाह ना करके सीधे मुरारराव को गुच्छा देकर शेकहैण्ड करते हुए)* वेरी ग्लैड सर! हार्टी कांग्रेट्स! मैं नानालाल हूँ, एक छोटा-सा व्यापारी। सोशल वर्क भी करता हूँ, और आप को तो शुरू से ही बहुत चाहता हूँ। आय एम हैपियेस्ट टूडे साहब! हालात के मुताबिक

बहुत काबिल आदमी चुना है आपकी पार्टी ने। ग्रेट ईवेण्ट। ग्रेन डीलर एसोसिएशन और अन्ध सेवा समिति की ओर से मैं आपका अभिनन्दन करता हूँ।

मुरार : *(पेड़े देते हुए)* पेड़े लीजिए। कुछ *(जम्हाई रोकते हुए)* चाय वगैरा?

नानालाल : नो, नो, थैंक यू वेरी मच, मैं तो सिर्फ़ अपनी ख़ुशी जताने चला आया। हमारी तरफ़ से आपको फुल सपोर्ट है साहब। एसोसिएशन और समिति ने तो प्रस्ताव भी पास कर दिया है। अब आपका ज़्यादा वक़्त नहीं लेना। टाइम इज़ मनी। चलता हूँ। *(नमस्कार करके चला जाता है।)*

देसाई : नानालाल एकदक फिट आदमी है साब! अपना इण्टरैस्ट अच्छी तरह जानता है। अब ग्रेन डीलर्स और अन्धों में कोई सम्बन्ध है क्या? लेकिन यह है कि दोनों संस्थाओं में बराबर मौजूद है।

मुरार : देसांई, हर कोई अपना इण्टरैस्ट देखता है—

देसाई : यही तो मैं कह रहा हूँ। नानालाल भी तो आम लोगों जैसा ही है। लेकिन वो कौन है—जिसे आप मिलना चाहते हैं? जिसे ढूँढ़ निकालना चाहते हैं—विरोधी दल के एम.एल.ए.टी.टी. आते हैं। *(पीठ पीछे कुछ छिपाये हुए)*

मुरार : *(टी.टी. को देखकर ख़ुश होते हैं)* आइये, आइये टी.टी. आप भी आये हैं आज के कुम्भ मेले में?

टी.टी. : कुम्भ मेला ख़त्म हो गया होगा, यही सोचकर आया था। *(गुलाब का फूल सामने करके मुरारराव को नज़र करते हुए)* यह हमारे मालिक-मकान के बाग का है। हमारा बाग तो नासिक में रह गया। *(सिर्फ़ फूल देखकर मुरारराव थोड़े नाराज़ दिखायी देते हैं।)* छोटा है, पर बहुत सुन्दर लगा इसीलिए ले आया! आपका यश भी इस फूल की ख़ुशबू की तरह ही फैले, वगैरा-वगैरा...याने ऐसे मौके पर कुछ काव्यात्मक, कुछ सुन्दर-सुन्दर शब्द बोलने की रीत है ना, इसीलिए। वैसे तो गुलाब ख़ुद ही बोल रहा

है अपनी खुशबू से। क्यों देसाई, आपने चीफ़-मिनिस्टरों का ठेका ही ले लिया है क्या? हर चीफ़-मिनिस्टर के स्वागत के लिए आप, विदाई के लिए आप, जन्मदिन पर आप, हर जश्न में आप, पता नहीं कहाँ-कहाँ किसलिए आप मौजूद होते हैं–

देसाई : *(हँसकर)* हँ, हँ, अभी वैसे कुछ हुआ नहीं है इस राज्य में टी.टी.। इतना ज़रूर है, जो भी यहाँ का मुख्यमन्त्री होता है उसकी दीर्घायु हुआ करती है–

टी.टी. : होती होगी, होती होगी। वह अमर भी हो सकता है।

मुरार : पेड़े खाइये टी.टी., मुँह मीठा कीजिए पहले... *(पूरी जम्हाई लेकर)* कब से आ रही थी, मौका ही नहीं मिला! *(पेड़े देते हुए) लीजिए। कल से विधान सभा में तो कडुवे भाषण देने ही हैं।)*

टी.टी. : आपने हमारी थोड़ी मुश्किल कर दी है मुरारराव!

मुरार : मुश्किल, आपकी कैसी मुश्किल? सामने चाहे मुरारराव हो या खुद ईश्वर, आपकी तोप तो गरजती ही रहती है। आप अपना काम शुरू रखिये टी.टी.; हम भी यथाशक्ति अपना काम करते रहेंगे। संघर्ष जारी रहना ही चाहिए।

टी.टी. : हाँ, संघर्ष से ज़रा जागरूकता रहती है विधानसभा में, वरना विधानसभा तो शयनागार ही हो जायेगी। वैसे आपकी पार्टी के कुछ बैक-बैंचर्स ने उसे शयनागार बना ही डाला है। परसों आपका वह हंबीर थोराल, अर्थमन्त्री को उत्तर देने के वक़्त कैसे आराम से सो रहा था, देखा नहीं आपने?

मुरार : शर्म आती है ऐसे मौकों पर, लगता है क्या यही है हमारी लोकशाही?

[गले में कुछ अटका हुआ-सा महसूस करते हैं।]

टी.टी. : क्या हुआ?

मुरार : टेलिविज़न के लिए सुबह राज्य के नाम सन्देश रिकॉर्ड करवाया था, उसी की याद आ गयी। मैंने उसमें लोकतन्त्र पर बड़े गौरवपूर्ण विचार रखे हैं। क्या लेंगे? चाय, कॉफी?

टी.टी. : सिर्फ़ चाय-कॉफी?

मुरार : *(हँसते हुए)* तब फिर क्या चाहिए?

टी.टी. : सिर्फ़ चाय-कॉफी से आज का दिन सैलिब्रेट करना ठीक नहीं है मुरारराव!

मुरार : यह सम्मान से ज़्यादा ज़िम्मेदारी है टी.टी., मैंने अपने टी.वी. सन्देश में भी यही कहा है। काम सचमुच बहुत कठिन है।

देसाई : आप तो मज़ाक़ कर रहे हैं साब। "मैन ऑफ द क्रायसिस"—मुश्किल से मुश्किल परिस्थितियों में दमकने वाले इनसान—आपका वर्णन ती इन्हीं शब्दों में करना पड़ेगा।

टी.टी. : देसाई, आपका मक्खन लगाना हो गया शुरू ज़ोर-शोर से?

देसाई : वह रुका कहाँ था? एक से एक गुणी नेता मिल रहे हैं हमें... हम करें भी तो क्या करें?

मुरार : अच्छा देसाई, फिर मिलेंगे।

देसाई : *(बुरा न मनाते हुए)* हाँ-हाँ ज़रूर। मैं तो आता ही रहूँगा। अच्छा टी.टी.। *(अन्दर की ओर जाते हुए)* जब आया ही हूँ तो भाभी साहिबा को भी एक बार मुबारकबाद देता जाऊँ...

टी.टी. : *(मुरारराव को)* अब आप से क्या कहूँ? इतना ज़रूर है कि ऐसे चमचों से ज़रा सावधान रहिये।

मुरार : सब को अच्छी तरह पहचानता हूँ मैं टी.टी.।

[हाथ के गुलाब से खेलते हुए]

टी.टी. : मूड में नहीं लगते आप आज। इस अधिकार और सम्मान पाने की खुशी कम से कम एक दिन तो आप मनाते। फेरीवाले से ज़िन्दगी की शुरुआत करके आज आप मुख्यमन्त्री तक बन चुके हैं। उस पर जिस खूबी से एक-एक करके आपने पहले वाले सी.एम. को अकेला और निहत्था कर दिखाया...और हाँ, वह परसों वाला निर्णयात्मक प्रस्ताव तो बहुत लाजवाब रहा। अभी कुछ दिन पहले ही तो...आपका एक प्रकार से पुनर्जन्म हुआ है। यह दिन देखने के लिए आज आप मौजूद हैं, यही

क्या कम सौभाग्य की बात है, मुरारराव! केवल बड़ों की क्यों? आप पर तो ईश्वर की भी बड़ी कृपा है।

मुरार : हाँ टी.टी., इसमें कोई शक नहीं कि ईश्वर की और प्रधानमन्त्री तक की मुझ पर बड़ी कृपा है। लेकिन आज सुबह से मैं ज़रा बेचैन हूँ।

टी.टी. : क्यों? प्रधानमन्त्री की कृपादृष्टि के लिए? *(धीमे स्वर में)* कोई और नयी ख़बर है क्या?

मुरार : नहीं, जिसकी वजह से मैं आज ज़िन्दा हूँ, उससे मिलूँ, उसके लिए कुछ करूँ, ऐसा बारबार सुबह से मुझे कचोट रहा है...

टी.टी. : *(निराश होकर)* अच्छा, अच्छा। वो जिसने अपनी किडनी देकर आपकी जान बचायी थी? मिलिये उससे। ज़रूर कीजिए उसके लिए कुछ। अब तो आसानी से आप उसकी मदद कर सकते हैं। जिस-जिस के लिए कुछ करने को आपका जी चाहता है, उन सबका भला करने का समय अपने आप चलकर आ गया है अब तो आपके पास।

मुरार : *(थोड़ा निराश होकर)* पर वो है कहाँ? उसे मिलना चाहिए। टी.टी.। सब के लिए तो नहीं, पर उसके लिए मैं ज़रूर कुछ करूँगा। *(फ़ोन बजता है, मुरारराव उत्सुकता से फ़ोन उठाते हैं।)* यैस! कौन?

मोगरे : *(फ़ोन पर)* साहब मैं, मोगरे। 'लोकतन्त्र बचाओ' संस्था के कुछ प्रमुख कार्यकर्ता आये हैं। आपका सरेआम सत्कार करना चाहते हैं। चन्दा और डेट माँग रहे हैं। मिलने के लिए भेजूँ?

मुरार : *(फ़ोन पर)* देखते हैं। सात बजे पार्टी की मीटिंग है। उसके बाद राज्यपाल से मिलने जाना है। अगर वे राज़ी हों तो उन्हें रात देर से बुला लीजिए। और कहिए चन्दा ऐसे नहीं मिलेगा। चन्दा लेकर सत्कार न करने वाले बहुत देखे हैं आजकल। यह भी एक तरह का करप्शन ही है, हमें इसे बढ़ावा नहीं देना चाहिए।

मोगरे : *(लाइन पर)* अच्छा साहब, कहे देता हूँ।

मुरार : *(जल्दी से)* वह आखिर की बात मत बताना—नहीं तो सब गड़बड़ कर दोगे। *(अन्दर से देसाई आकर पीठ किये हुए मुरारराव को अपनी गर्दन झुकाकर अभिवादन करता है। और टी.टी. की तरफ़ हँसकर, देखकर चला जाता है। मुरारराव फ़ोन पर ही बात कर रहे हैं।)* और हाँ, आई.जी.पी. बसाले को फिर एक बार रिंग करके डाँट—नहीं, याद दिलाइये, कहिए किसी भी हालत में उसे यहाँ ज़रूर आना चाहिए। नहीं तो उसकी रिटायरमैण्ट पक्की।

मोगरे : *(लाइन पर)* बता देता हूँ साहब!

मुरार : *(फ़ोन पर)* और हाँ, अलग-अलग विभागों से सस्पैण्ड किये जाने वाले अधिकारियों की सूची तैयार हो गयी?

मोगरे : सूची तो बहुत बड़ी हुई जा रही है साहब—

मुरार : *(फ़ोन पर)* और भी बड़ी कीजिए। चाहे तो बाद में सबको रीइन्स्टेट कर लेंगे, पर फिलहाल तो इस सूबे में हमारी अधिकार प्राप्ति ज़ोर-शोर से पता लगनी चाहिए सबको।

[पीछे से मंजुलाबाई आती हैं। टी.टी. हँसकर उन्हें अभिवादन करते हैं।]

मुरार : *(फ़ोन पर)* और—हैलो—रेडियो पर वह अनाउन्समैण्ट हो गयी क्या मोगरे?

मोगरे : *(लाइन पर)* कौन-सी साहब? हाँ...हाँ...पर उसे सुनने के लिए समय कहाँ मिला? चलो खैर रेडियो तो अपना ही है। अनाउन्समैण्ट हो ही गयी होगी। कल इसकी पूरी व्यवस्था कर दी थी...

मंजुला : अनाउन्समैण्ट हो चुकी है।

[मुरारराव घूमकर देखते हैं। रिसीवर रखने लगते हैं।]

मंजुला : ज़रा इधर दीजिए रिसीवर...मोगरे से बात करनी है मुझे... *(रिसीवर लेकर)* मोगरे, कल सुबह ही उस इण्टीरियर डेकोरेटर को बुलवा लीजिए। मुख्यमन्त्री के बंगले पर शिफ्ट करने से पहले वहाँ का सारा फर्नीचर

बदलवाना है। पहले का सारा निकलवा देना है। वहाँ सब कुछ नया होना चाहिए। *(रिसीवर रख देती हैं।)* मैंने सुनी है अनाउन्समैण्ट रेडियो पर।

मुरार : क्या?

मंजुला : ए.एच. दो सौ सत्तर से मिलने वाले ब्लड ग्रुप के सिन्दकर नाम के आदमी ने कुछ समय पहले एक मरणोन्मुख इनसान को अपनी किडनी दे कर उपकृत किया था। वही इनसान अब सिन्दकर को किसी ज़रूरी काम से मिलना चाहता है। श्री सिन्दकर जहाँ कहीं भी हों उस आदमी से सम्पर्क करें। हो गयी आपकी तसल्ली?

मुरार : इससे क्या तसल्ली होगी? वह मिलें तब तो...

मंजुला : जब इतनी कोशिश हो रही है, तो ज़रूर मिल जायेगा। है ना टी.टी.? ज्योतिषी को बुलाकर उसे कुण्डली भी दिखाई थी, उसने भी कहा, ज़रूर मिल जायेगा—कोई मामूली ज्योतिषी नहीं, राष्ट्रपति का चुनाव परिणाम बताने वाला ज्योतिषी है वह।

टी.टी. : फिर तो ज़रूर मिल जायेगा। ना मिलने का कोई कारण ही नहीं है। हाँ अगर किडनी देने वाला वह आदमी आज अस्तित्व में ही ना हो, तो बात दूसरी है।

मुरार : नहीं-नहीं होगा, कैसे नहीं?

मंजुला : इनके तो दिलो-दिमाग पर वही छाया हुआ है कल से। रात भर तड़पते रहे। सुबह-सुबह मुझे उठाकर बोले, उसी की बदौलत मैं आज यह दिन देख रहा हूँ। ऐसा लगता है, सब कुछ उसी का दिया हुआ है, यह दिल की धड़कन, यह शरीर, यह आँखें—सब कुछ उसी के दम पर है। कह रहे थे, मैं वही हूँ। उसके शरीर के एक भाग से ही मेरा आज अस्तित्व है। उसके महादान से ही आज मैं ज़िन्दा हूँ।

टी.टी. : *(आश्चर्य से)* अरे मुरारराव! क्या यह सच है?

मंजुला : उसे महात्मा कह रहे थे।

मुरार : *(ज़रा सकुचाते हुए)* शब्द गलत हो सकता है। आदत से आ गया जुबान पर। लेकिन इसमें झूठ भी क्या है?

[टेलीफ़ोन बजता है। मुरारराव टेलीफ़ोन उठाकर]

मुरार : यैस?

मोगरे : *(लाइन पर)* साहब, मैं मोगरे। रावसाहब आये हैं मिलने के लिए।

मुरार : *(कड़वे स्वर में)* भेज दीजिए। *(रिसीवर रख कर)* आ ही गया आख़िर।

मंजुला : कौन? रावसाहब ना? आ ही गयी आख़िर बला।

[टी.टी. बड़े मजे में यह प्रतिक्रिया देख रहे हैं। रावसाहब चाँदी की मूँठ वाली छड़ी और दरबारियों के स्टाइल में मुरारराव और मंजुलाबाई को झुककर सलाम करते हैं। उनके पीछे काला चश्मा लगाये हुए एक व्यक्ति आता है। कोने में बैठ जाता है।]

रावसाहब : रामराम मुरारराव साहब, रामराम माँजी।

मुरार : बैठिए।

रावसाहब : *(बैठकर)* क्यों टी.टी. विरोधी दल के लोग फौरन हाजिर, आँ? *(खुद ही हँसते हैं)* बहुत अच्छे, बहुत अच्छे। स्वस्थ लोकतन्त्र के लिए यह ज़रूरी भी है।

मुरार : अरे भई उन्हें पेड़े दो। *(जैसे ही नौकर ट्रे लेकर पास आने लगता है, वैसे ही उसे रावसाहब की तरफ़ भेजते हैं)* लीजिए, रावसाहब! मुँह मीठा कीजिए।

रावसाहब : ज़रूर-ज़रूर, क्यों नहीं। पर हमारा मुँह तो बिना मिठाई के ही मीठा हो चुका है मुरारराव! काबिल आदमी उचित जगह पर आ जाये तो अच्छा लगता है। किसी शायर ने भी कहा है। *(एक शेर कहता है।)* अगर गुणों का आदर होता हो अपना व्यक्तिगत विरोध आड़े लाने वाले कम से कम हम तो नहीं हैं। वैसे हमारी इनकी *(यह टी.टी. को उद्देश्य करके)* लाख स्पर्धा हो, *(बाँहें ठोक कर)* लड़ना हो तो बड़े ज़ोर-शोर से लड़ेंगे भी, पर ऐसे जैसे कुश्ती हो। कुश्ती ख़त्म, स्पर्धा भी ख़त्म, उसी समय प्रतिस्पर्धा से हाथ मिलानेवालों में से हम हैं। आदमी में स्पोर्टमैनशिप तो होनी ही चाहिए। वैसे राजनीति भी क्या है, कुश्ती का खेल ही तो है। *(टी.टी. तालियाँ बजाते*

हैं। रावसाहब शायराना तरीके से उसे कुबूल करते हैं।)

टी.टी. : भाषण तो तालियों के लिए था राव साहब! पर क्या यह सच नहीं है कि फेरीवाले का हल्का धन्धा करने वाला एक मामूली आदमी, आज जब एक सूबे का मुख्यमन्त्री बन गया है, आपको दिल से मंजूर है?

रावसाहब : आपको तो ऐसा ही लगेगा। अगर हम कहें कि इनसान के दो पैर होते हैं, तब भी तो आप विरोध ही करेंगे। तब आप कहेंगे कि इनसान के चार पैर होते हैं। दो पैर हमने किसी अपने मतलब से छिपा लिए हैं, यह आरोप सत्तारूढ़ दल पर थोप कर, किसी न्यायाधीन पूछताछ, नहीं तो माफी की माँग, या फिर सभा त्याग की माँग आप ज़रूर करेंगे।

टी.टी. : इनसान का एक पेट होता है, और उसे भरने की ज़िम्मेदारी शासन पर है। इतना आप मान गये, तो भी बहुत है रावसाहब, पैरों की बात रहने दीजिए।

रावसाहब : *(पेट पर हाथ फिराकर)* इनसान का पेट! यही तो आप बायें पक्ष वालों का मूल सिद्धान्त है। ठीक है, इसी से तो आपके भी पेट भरते हैं–

टी.टी. : हमारे पेट बहुत छोटे हैं, रावसाहब! पेट तो सत्ताधीशों के होते हैं।

मुरार : *(जम्हाई रोकते हुए)* जाने दीजिए टी.टी., आप भी रहने दीजिए रावसाहब, कल से तो बहस करनी ही है।

रावसाहब : बहस कैसी? थोड़ा हँसी-मज़ाक़ है, बस और क्या? ज़िन्दगी का मतलब है मज़ा। चार दिन का मेला है, दुनिया से लेकर भी क्या जाना है आख़िर? शायर ने कहा है, *(शेर सुनाते हैं)* क्यों माँ जी?

मंजुला : चाय लीजिए।

रायसाहब : नहीं, अब चाय का मज़ा नहीं आयेगा। पेड़ों से मुँह मीठा हो गया है। फिर सही। चलूँ मैं? *(उठते हैं, एकदम गम्भीर हो जाते हैं।)* कुछ कहना चाहता था शाम की मीटिंग से पहले, लेकिन अब बाद में कहूँगा। *(टी.टी. की तरफ़ एक नज़र डालते हैं।)*

टी.टी. : *(इशारा समझकर उठते हुए)* मैं चलता हूँ–

मुरार : नहीं नहीं...*(रावसाहब से)* आइये, हम ज़रा उधर बात कर लेते हैं। आइये...*(रावसाहब को लेकर अन्दर जाते हैं।)*

रावसाहब : *(अन्दर जाते-जाते टी.टी. को)* माफ करना...बेअदबी करने का कतई इरादा नहीं था मेरा...*(दोनों अन्दर जा चुके हैं।)*

मंजुला : बड़ा घाघ है मरा! कौन-सी नयी मुसीबत खड़ी करेगा, भगवान जाने।

टी.टी. : चाहे शायर ने न कहा हो, लेकिन ये तो मुसीबतें बढ़ाने वालों में से ही हैं, मंजुलादेवी! मुरारराव को चैन नहीं लेने देंगे यह आस्तीन के 'शेर'।

मंजुला : कई बार तो लगता है, क्यों इस फन्दे में फँस गये? इतने बुरे-बुरे लोगों से पाला पड़ता है, अब किसको क्या कहो। वो देसाई है ना! सीधे भाभी-भाभी करते रसोईघर में ही घुस आया...कहने लगा इस बँगले में आपके आने से पहले भी मैं आता रहा हूँ। बेशरम कहीं का!

टी.टी. : यही तो लोकप्रिय बनने के गुर हैं। राज्य चलाने वालों को यह सब सीखने ही पड़ते हैं। पति के साथ पत्नी को भी *(धीमी आवाज़ में)* लेकिन वहाँ जो बैठा है, वह कौन है?

मंजुला : कौन? *(देखकर धीमी आवाज़ में)* पता नहीं। रावसाहब के साथ आया था न? उनको तो कोई न कोई ऐसा मुरीद चाहिए ही जो उनके शेरों की दाद दे–

टी.टी : मतलब यह दाद उनकी?

मंजुला : और नहीं तो क्या?

टी.टी. : और हम उसी के सामने रावसाहब के बारे में...

मंजुला : मैं तो और भी बोलूँगी। मैं किसी दल के हाईकमाण्ड की नौकर नहीं। मैं अपनी मर्ज़ी की मालिक हूँ। मुझे किसी का डर नहीं!

टी.टी. : अब आप मुख्यमन्त्री की पत्नी हैं, मंजुलादेवी! आपको ज़रा सँभलकर ही रहना चाहिए। आपका कहना मुरारराव

को भारी पड़ सकता है। आपके किसी गलत कथन से सरकार तक उलट-पलट सकती है...

मंजुला : *(शर्माकर)* हटिए। *(मुरारराव आते हैं।)*

मुरार : क्या हुआ? ऐसा क्या कह दिया आपने टी.टी.?

टी.टी. : वो कहाँ हैं?

मुरार : कौन? रावसाहब? वो तो चले गये उधर से ही। *(मंजुलाबाई से)* माँजी को प्रणाम कहिए, ऐसा सन्देश है उनका।

मंजुला : माँजी?

टी.टी. : वाह! बेटा हो तो ऐसा गुण्डा–

मंजुला : मज़ाक़ छोड़िए! *(मुरारराव को हल्के स्वर से)* उसे देखा क्या, वो–

मुरार : *(देखते हुए)* कौन है?

मंजुला : रावसाहब के साथ आया था–

टी.टी. : उनके पीछे ही आया था–मैंने देखा था।

मुरार : रावसाहब अपना चमचा यहाँ भूल गये? यह नहीं हो सकता...

मंजुला : फिर कौन है वो?

[वो काले चश्मे वाला इनसान कोने में चुपचाप बैठा है।]

मुरार : *(टेलीफ़ोन की तरफ़ जाते हुए)* मोगरे से पूछना पड़ेगा–

मंजुला : मोगरे से किसलिए, सीधे उसी को पूछ लेती हूँ। *(उस आदमी के पास जाकर, गला साफ़ करते हुए।)* आप–*(वह आदमी काले चश्मे के अन्दर से ॲब्सेन्ट माइण्डेडली देख रहा है।)* मुख्यमन्त्री से कोई काम था क्या? *(वह गर्दन हिलाकर मना कर देता है।)* फिर यहाँ किसलिए आये हैं? रावसाहब के साथ आये थे क्या?

आदमी : *(उठते हुए)* कौन रावसाहब?

मंजुला : अकेले आये थे क्या यहाँ?

आदमी : हाँ।

मंजुला : और कुछ काम भी नहीं है आपको?

आदमी : नहीं।

मंजुला : तो क्या आपने इस जगह को ऐरे-गैरों का वेटिंग रूम समझ रखा है?

मुरार : *(टी.टी. को)* हैरानी है। कार्य के बगैर यह घुसा कैसे यहाँ? *(ज़ोर से)* देखिए, पहले आप यहाँ से चलते बनिए। जायेंगे या बुलवाऊँ पुलिस को? जाइए, चलते बनिए...

टी.टी. : रुकिए मुरारराव, उसे ज़रा शिक्षा देना ज़रूरी है। *(थोड़ा आगे होकर उस आदमी से)* यहाँ कौन रहता है, पता है? मुख्यमन्त्री! मुख्यमन्त्री कौन होता है मालूम है? पूरे राज्य का मुखिया। मुखिया को बहुत काम होते हैं।

आदमी : बोर होकर अपना हाथ थोड़ा झटक कर 'पता है' ऐसा संकेत करता है।

टी.टी. : तो फिर भले आदमी, बेकार बिन बुलाये यहाँ आकर क्यों बैठे हो?

आदमी : बोर हो गया हूँ बहुत।

टी.टी. : क्यों बोर क्यों हो गये?

आदमी : अपन फिर नहीं आयेंगे।

मंजुला : किसी ने यहाँ आने के लिए बुलावा भेजा था क्या?

आदमी : हाँ।

टी.टी. : हाँ? मुख्यमन्त्री ने तुझे बुलावा भिजवाया था? *(मुरारराव से)* पेंच थोड़े ढीले लगते हैं। जाओ भाई, अपना रास्ता नापो।

[वह आदमी नाक के नीचे सरका हुआ चश्मा ठीक करते हुए जाने लगता है।]

मुरार : *(कुछ शंका होती है।)* ठहरो; नाम क्या है तुम्हारा? सच-सच बताओ–

आदमी : किसका? मेरा? सिन्दकर। भाई सिन्दकर कहते हैं अपन को।

मुरार-मंजुला : *(एक साथ)* भाई सिन्दकर?

आदमी : क्या हुआ? अपना नाम है यह।

मुरार : ज़रा रुको। *(टी.टी. देख रहे हैं। दो कदम आगे होकर)* मुख्यमन्त्री ने किसलिए बुलाया था आपको यहाँ?

आदमी : मुझे क्या पता–उसे ही पता होगा। काम पर था, तो बहुत से लोग किसी इश्तहार की चर्चा कर रहे थे। उस

इश्तहार में मेरा नाम था शायद। मैंने भी कभी किसी को अपनी एक किडनी दी थी। जिसे किडनी दी थी, उससे मिलूँ ऐसा मुझे कहा गया। वो आजकल कहाँ रहता है, यह पता करने के लिए हस्पताल में फ़ोन किया। हस्पतालवालों ने यहाँ का पता दे दिया। *(मंजुलाबाई और मुरारराव एकटक देख रहे हैं।)* चलते हैं अपन।

मुरार : *(अनिश्चित मनःस्थिति में)* किडनी देने का कोई सबूत?

आदमी : सबूत? *(पास जाकर, ड्रमॅटिकली शर्ट पैण्ट से निकालकर पेट की निशानी दिखाता है। मुरारराव ऐसे हो जाते हैं, जैसे किसी ने तेज़ धार वाला चाकू दिखा दिया हो।)* आप क्या समझते हैं, झूठ बोल रहे हैं हम? *(शर्ट पैण्ट में घुसाकर दरवाज़े की ओर जाता है। जाते-जाते)* वह ज़रूर कोई पाजी होगा। साला बगैर काम के इश्तहार देकर बुलवाता है। मेरी आधे दिन की कमाई चौपट।

मुरार : क्या काम करते हो?

आदमी : वर्कशाप में मेकैनिक हूँ।

मुरार : *(धीरे से मंजुलाबाई को)* वही होगा क्या यह? तुझे कुछ याद है?

मंजुला : तब का चेहरा—कुछ बता नहीं सकती। यह काला चश्मा— *(वह आदमी बाहर जा चुका है।)* छीः, मुँह से शराब की बदबू भी आ रही थी।

मुरार : *(जल्दी से टेलीफ़ोन उठाकर)* मोगरे—अभी-अभी जो आदमी यहाँ से गया, उसे जाने मत दीजिए। रोके रहिए उसे। *(मंजुलाबाई को)* ज़रा अच्छी तरह से याद कर लें ...मैंने तो उसे देखा भी नहीं था। सिर्फ़ समाचार-पत्र में फ़ोटो, और वह भी बेहोशी में...ऑपरेशन के बाद...बस इतना ही देखा था...पर तूने तो देखा था उसे...ऑपरेशन के बाद।

मंजुला : वह चेहरा अलग था। पर...ऐसा ही कुछ था वह भी। कुछ नहीं कह सकती...बहुत ही मामूली था चेहरा...और उस वक़्त वह बेहोश भी तो था। कपड़े भी हस्पताल के थे। *(फ़ोन बजता है। मुरारराव फ़ोन उठाते हैं।)*

मोगरे : *(लाइन पर)* उसे रोक रखा है साहब। पर वह रुकने के लिए तैयार नहीं है। जाने की कह रहा है।

मुरार : पाँच मिनट और रोके रहिए। किडनी निकालने की निशानी तो है उसके पेट पर। फिर नाम भी वही बता रहा है।

मोगरे : *(लाइन पर यह सब सुनकर)* साहब...!

मुरार : नहीं, आपसे नहीं। *(रिसीवर रख देते हैं।)*

मंजुला : पर मुँह से शराब की बदबू...

टी.टी. : आपको किडनी देने वाला आदमी यही है या नहीं, सवाल यही है न मुरारराव?

मुरार : हाँ। कहीं कोई और ही बहाना बनाकर अपना काम न साध ले। तब तो विरोधियों को चर्चा के लिए अच्छा-खासा मज़मून मिल जायेगा।

टी.टी. : पर वह तो आपका एक हिस्सा है! आपको जीवन देने वाला! आपकी धड़कन, आपकी दृष्टि, आपकी दुनिया, आपका अस्तित्व उसी से है, सुबह मंजुलादेवी से भी यही कह रहे थे न आप? और अब जब वह सामने आया है, आप उसे पहचान भी नहीं सकते? आप भी कमाल करते हैं मुरारराव? आपकी आत्मा कुछ नहीं कहती? या सत्ता पाकर यह भी खो गयी कहीं?

[निर्ल्लज हँसी हँसते हैं।]

मुरार : मज़ाक़ छोड़ो टी.टी.। ऐसे मामलों में अपना शक दूर कर लेना हमेशा अच्छा रहता है। राजनीति में कौन कब कैसे खेल दिखा जाय, क्या पता?

[फिर फ़ोन बजता है। मुरारराव रिसीवर उठाते हैं।]

मोगरे : *(लाइन पर)* साहब...

मुरार : रुकिए ज़रा...

[रिसीवर नीचे रखकर बेचैनी से चक्कर लगाते हैं।]

मंजुला : इतना याद है, तब वह मेकैनिक नहीं था।

टी.टी. : लेकिन बाद में तो बन सकता है? इतने समय में जब कोई चीफ़-मिनिस्टर बन सकता है, तो क्या कोई और मेकैनिक नहीं बन सकता?

मुरार : क्या करूँ...कैसे तसल्ली करवाऊँ?

टी.टी. : उसे इसी वक़्त लॉक-अप में बन्द करवाकर पुलिस-इन्क्वायरी के आर्डर दे...

मुरार : *(ज़रा गुस्से में)* टी.टी....

[फ़ोन फिर बजता है। बन्द हो जाता है।]

टी.टी. : मेरा कहा मानेंगे मुरारराव? वो ज़रूर वही होगा—आपको बीड़ी की तरह किडनी दे कर आपसे कुछ भी न लेकर लापता हो जाने वाला!

मंजुला : लेकिन उसका हुलिया—शराबियों जैसी उसकी हालत—

टी.टी. : इसीलिए तो मुझे पक्का विश्वास है। अच्छे घर का कोई चरित्रवान इनसान अपनी किडनी किसी को बिना कुछ लिए कभी देता क्या? खुद की दो किडनियों में से एक किडनी देना, जेब से दस रुपये निकालकर देने जैसा आसान तो नहीं है मंजुलादेवी! ऐसा करना इनसान की ज़िन्दगी और मौत का सवाल है। कोई कितनी ही कीमत क्यों न दे, कोई भी सभ्य समझदार आदमी अपनी किडनी इस तरह देने को तैयार न होगा। मैं तो नहीं मानता। अपने आप बिना किसी कीमत के और ये भी न जानते हुए कि लेने वाला आदमी कौन है, अपनी किडनी पागल की तरह दे गया—इसका मतलब है वो आदमी कोई 'ऐसा वैसा' ही है। यह जो अभी गया है न, इसी की तरह होगा, मुरारराव!

मुरार : अच्छा!

टी.टी. : मुझे तो यह 'वही' लगता है। आप चाहे इसे बाहर निकाल दें, या घर में रख लें। विरोधियों की बात मानने का चलन ही कहाँ है आप लोगों का? मैं चलता हूँ अब—चलता हूँ मंजुलादेवी—

मंजुला : बैठिए टी.टी.; खाना खाकर जाइए—

टी.टी. : सॉरी, खाने के लिए मना करना मेरे लिए वैसे मुश्किल ही होता है, लेकिन अभी ज़रा पार्टी की कार्यकारिणी की मीटिंग है। चुनावों में हमारी हार का पोस्ट-मार्टम जो किया जाना है। आप हर चुनाव जीतते हैं—और हम हर अपनी हार का पोस्ट-मार्टम करते रहते हैं—ऐसा तो

अब जैसे लिखा ही जा चुका है। जाना होगा मुझे। फिर से एक बार बैस्ट-विशेज। कल मिलेंगे ही असेम्बली में। सिर्फ़ कल ही हम आपके स्वागतार्थ बेंच बजायेंगे।

[जाते हैं। टेलीफ़ोन बन्द]

मुरार : *(बैठे हुए हैं। मंजुलाबाई से)* तुझे क्या लगता है?

मंजुला : मेरा क्या? आपको क्या लगता है, वो ज़्यादा ज़रूरी है।

मुरार : *(चुपचाप उठते हैं। जाकर रिसीवर उठाते हैं।)*

मोगरे : *(लाइन पर)* साहब, अब शान्त हो गया है वह। नशे में लगता है।

मुरार : नशे में!

मोगरे : *(लाइन पर)* हाँ साहब! मुझे लगता है, जब उसे यहाँ रोका था, तब उसने अपने मुँह में कुछ डाल लिया था। कोई गोली होगी शायद। बाद में वह एकदम चुप ही हो गया।

मंजुला : क्या कह रहा है मोगरे? कैसा नशा है?

मुरार : कोई खास बात नहीं। *(फ़ोन पर)* मोगरे, उसे इधर भेज दीजिए।

मोगरे : *(लाइन पर)* साहब-*(थोड़ी देर बाद)* अच्छा साहब!

[मुरारराव फ़ोन रख देते हैं।]

मंजुला : कैसा नशा? क्या कह रहा था मोगरे?

मुरार : *(बेचैनी से)* कहा न, कुछ नहीं, *(पुलिस का एक सिपाही उस आदमी को पकड़कर ले आता है। वह आदमी खुद को सँभाल नहीं सकता। आँखों का काला चश्मा अब नाक तक उतर आया है।)*

मंजुला : *(उद्वेग से)* यह सब क्या है?

सिपाही : पक्का अफीमची लगता है साला!...*(जीभ काटकर मुरारराव को)* भूल हो गयी सरकार। *(मुरारराव उस आदमी की तरफ़ एकटक देख रहे हैं। पास जाते हैं। उसे नशे की हालत में देखते रहते हैं। वह आदमी अपनी गर्दन भी सँभाल नहीं पा रहा।)*

मुरार : सिन्दकर...! *(उससे कोई रिस्पॉन्स नहीं मिलता। उसका लटकता हुआ सर ठोड़ी से पकड़ कर ऊपर करते हुए)*

सिन्दकर...! *(सिपाही बड़ी हैरत से यह सब देख रहा है। मुरारराव धीरे से उसका काला चश्मा उतार कर उसकी जेब में रख देते हैं।) (भावुक स्वर से)* सिन्दकर...*(खुद को सँभाल रहे हैं।)* सिंद...कर यह क्या सिन्दकर...अँ?

मंजुला : ले जाने दीजिए उसे–

मुरार : नहीं। *(सिपाही से)* उसे गैस्ट-रूम में ले जा और ठीक तरह सुला दे।

सिपाही : सरकार...!

मुरार : मैं जो कहता हूँ वो कर। गैस्ट-रूम में ले जाकर ठीक से सुला दे इसे, और गाड़ी भेजकर डॉक्टर को बुलाने के लिए कह मोगरे से।

सिपाही : जी सरकार! *(उस आदमी को ले जाने लगता है।)* पर गैस्ट-रूम में तो पंडित जी हैं। कल सुबह जाना है उन्होंने...

मुरार : *(याद करते हुए)* पंडितजी...!

मंजुला : अजी वही...याद नहीं...चुनाव में आपकी जीत के लिए हवन करवाने वाले...

मुरार : तो फिर हमारे बैड-रूम में ले जा उसे...

मंजुला : अं...ऽ...?

मुरार : *(जल्दी से गुस्सा होते हुए)* देख क्या रहा है गधे? सुनाई नहीं देता? *(फिर अपने आपको सँभाल कर)* कोई एक रुक जाना उसके पास। देख उसकी जेबें ठीक से टटोलकर और गोलियाँ हों तो निकाल लेना–*(मंजुलाबाई बड़ी कठिनाई से चुप हैं। सिपाही उस आदमी को ले जाता है।)*

मंजुला : हमारे बैड-रूम में रखेंगे उसे, और वह भी इस हालत में...

मुरार : *(खुद में खोये हुए से)* हाँ। *(धीरे-धीरे)* इसी तरह की सब व्यवस्था होनी चाहिए उसकी यहाँ भी।

मंजुला : *(चौंककर)* क्या...?

मुरार : *(धीरे-धीरे अपने ही मूड में, भावुक स्वर में)* यह मुख्यमन्त्री का हुक्म है। *(होश में आकर)* समझतीं क्यों नहीं आप...

मंजुला : समझ गयी। अब आप आराम कीजिए। कितने थक

गये हैं...फिर शाम को पार्टी की मीटिंग भी है, रात को राज्यपाल से भेंट है...

मुरार : *(शान्ति से)* आज मैं कुछ नहीं करने वाला।

मंजुला : क्या कहा?

मुरार : मंजुला, मुख्यमन्त्री बन जाने से ही क्या मैं एक हाड़मांस का इनसान नहीं रहा?

मंजुला : मतलब?

मुरार : कम से कम आज तो मेरा ध्यान और किसी बात में नहीं लगेगा...

मंजुला : तब क्या करने की सोची है आपने?

मुरार : उसके पास ही रहूँगा मैं—वह—मेरी ज़िन्दगी का हिस्सा—मुझे जीवन देने वाला—

मंजुला : *(कुछ कहना चाहती हैं, लेकिन रुककर)* अच्छा, ऐसा ही कीजिए। सुदाम भाईसाहब को रात खाने पर बुला रही हूँ मैं। पार्टी मीटिंग यहीं रखने के लिए कह देती हूँ उन्हें।

मुरार : *(आग्रह से)* नहीं—पार्टी मीटिंग यहाँ नहीं होगी।

मंजुला : आज पार्टी-मीटिंग में आपका होना ज़रूरी है। आप समझते क्यों नहीं? मन्त्रिमण्डल की सूची मंजूर करवानी है न? कल सुबह फिर सूची ले कर आप दिल्ली जाने वाले हैं...

मुरार : मंजुला, आज मैं पार्टी-मीटिंग में नहीं जाऊँगा।

मंजुला : तब कैसे—सीधे ही सूची दिल्ली...।

मुरार : दिल्ली कल दोपहर को जाऊँगा—सुबह पार्टी मीटिंग हो जायेगी।

मंजुला : *(निःश्वास छोड़कर)* अच्छा, सुदाम भाईसाहब को यही कहलवा भेजती हूँ। और किसे-किसे खाने पर बुलाना है? सुबह कह रहे थे—

मुरार : किसी को भी नहीं।

[मंजुलाबाई अन्दर चली जाती हैं। मुरारराव अकेले किसी और मूड में। अचानक ख़ुश हो उठते हैं। स्वतः गुनगुनाने लगते हैं। टेबिल के पास जाकर बैठ जाते हैं। रिसीवर उठाकर]

मुरार : कौन मोगरे?

मोगरे : *(लाइन पर)* जी साहब! बैड-रूम में सुला दिया है उसे। डॉक्टर को गाड़ी भी भेज दी है।

मुरार : *(हर्षित स्वर में)* कोई है ना उसके पास?

मोगरे : जी हाँ।

मुरार : ज़रा ध्यान रखिए—नहीं तो भाग जायेगा फिर से—*(रिसीवर पिन पर रखकर, फिर उठाकर)* मोगरे—!

मोगरे : जी साहब?

मुरार : राज्यपाल से रात की अपॉइंटमेंण्ट कैंसिल कर दीजिए। *(लाइन पर मोगरे चुप)* सुन रहे हैं ना? शाम की पार्टी मीटिंग में उपस्थित नहीं हो सकता। उन लोगों से भी कहलवा भेजिए।

मोगरे : पर साहब—गलतफहमी होने की सम्भावना...

मुरार : *(ऊँचे स्वर में)* तो आप चले जाइये गलतफहमी दूर करने। आज के सभी कार्यक्रम कैंसिल। कल सुबह की बजाय हम दोपहर को दिल्ली जायेंगे।

[रिसीवर रख देते हैं। अपनी अचकन उतार कर सोफे पर फेंक देते हैं। फिर कुछ याद आने नर रिसीवर उठते हैं।] मोगरे—।

मोगरे : *(लाइन पर)* जी साहब!

मुरार : ज़रा आई.जी.पी. बसाले को दीजिए।

[रिसीवर रख देते हैं। थोड़ी देर बाद फोन बजता है। रिसीवर उठाते हैं।]

मोगरे : *(लाइन पर)* साहब, आई.जी.पी. साहब बोल रहे हैं।

मुरार : *(शर्ट की आस्तीन को ऊपर करते हुए रिसीवर पर)* कौन? बसाले? मिल गया हमारा आदमी? अभी तक नहीं मिला? यही उम्मीद थी मुझे। ...तलाश जारी है? पूरी दुनिया छान मारिए बसाले! आपको नहीं मिलने वाला वह! मिल ही नहीं सकता! मैं जो कह रहा हूँ। दुनिया के पाँचवें नम्बर पर है ना आपका गुप्त पुलिस विभाग! शर्त लगाते हैं, शर्त। हो ही नहीं सकता, क्योंकि वह आपको नहीं मिलनेवाला। ढूँढ़ते रहिए, बस ढूँढ़ते ही

रहिए। नहीं-नहीं, यहाँ आने की ज़रूरत नहीं। बिल्कुल मत आइये। अच्छा।

(रिसीवर रख देते हैं। किसी मूड में उँगलियों से टेबल बजाते हैं। फिर उठकर अन्दर चले जाते हैं। क्रमशः अँधेरा। अब सफेद परदे पर प्रकाश होता है। टेलिविज़न पर अनाउन्सर अनाउन्समेण्ट करती है : "अब राज्य के नये मुख्यमन्त्री नागरिकों के नाम एक सन्देश देंगे। यह सन्देश हमने अपने स्टूडियो में पहले से ही टेलिविजन केन्द्र के लिए विशेष रूप से रिकार्ड किया था।" फिर मुख्यमन्त्री मुरारराव का भाषण सुनाई पड़ता है, और वे दिखाई देते हैं।) दोस्तो, इस राज्य का मुख्यमन्त्री पद मुझ जैसे सामान्य सेवक के हाथ में सौंपकर मेरी पार्टी, और हम सबके प्रिय प्रधानमन्त्री ने बहुत बड़ी ज़िम्मेदारी मुझ पर डाली है, ऐसा मैं समझता हूँ। इस राज्य की महान परम्परा तथा मुझसे पहले यहाँ के मुख्यमन्त्री का लोकहित में व्यतीत कार्य-काल, और उनकी कार्यकुशलता, तथा राज्य के सम्मुख आज के अनेक विकट प्रश्न, इस सारी स्थिति का पूरा जायजा लेते हुए, मुझ जैसे सामान्य कार्यकर्ता की मुख्यमन्त्री पद पर नियुक्ति, सम्मान से कहीं अधिक एक चेतावनी है, ऐसा भी मैं समझता हूँ।

आज हमारा देश एक कठिन दौर से गुजर रहा है। अनेक बाहरी और अन्दरूनी समस्याएँ मुँह फाड़े खड़ी हैं। पिछले कुछ समय से प्राकृतिक संकटों ने भी विकास की घुड़दौड़ में बहुत रोड़े अटकाये हैं। और हमने अपने रास्तों को बड़ी मज़बूती से अपनी कमर कसके साफ किया है। हमें गर्व है कि हमारा सूबा इस मामले में हमेशा से ही आगे रहा है। सूखा पड़ा, बाढ़ें आयीं, देश के इतिहास में चीजों की अभूतपूर्व कमी और कमरतोड़ महँगाई हमने देखी, लेकिन हम डगमगाये नहीं। देश जीवित तो राज्य जीवित! इस मुद्दे को ध्यान में रखकर ही हमने इतनी तकलीफें सहीं और अपने प्रिय प्रधानमन्त्री को अपना सहयोग दिया। इस राज्य की जनता का यह सद्‌भाव

बड़े गर्व का विषय है। आज भी राज्य के सामने अनेक गम्भीर समस्याएँ हैं। उत्पादन में अपेक्षित बढ़ोतरी नहीं है। इसीलिए चीजों की कमी और बेकारी की स्थिति बनी हुई है। महँगाई भी है, जनसंख्या में वृद्धि को जितना हम चाहते थे उतना रोकने में हम असफल रहे हैं, लेकिन यह भी मानना पड़ेगा कि साक्षरता के क्षेत्र में इस राज्य द्वारा की गयी प्रगति बड़े गर्व का विषय है। बन्द या हड़ताल जैसे तरीकों से उत्पादन में कमी आती है, और अन्ततः राज्य के हालात पर इसका प्रतिकूल प्रभाव पड़ता है। मुझे खेद से कहना पड़ रहा है कि इस तथ्य की जितनी जानकारी लोगों को होनी चाहिए, उतनी नहीं है।

लेकिन चिन्ता की कोई बात नहीं है। इस राज्य के नागरिक विचारवान और काफी प्रबुद्ध हैं। मुझे विश्वास है कि हमारे सामूहिक प्रयत्नों से हमारा सूखा विकास के नये-नये आयामों को छूता जायेगा।

मुझे आशा ही नहीं, विश्वास है कि आप सब की शुभकामनाएँ मुझे सदैव प्रेरणा देती रहेंगी। राज्य के सूखा-पीड़ित भागों और पिछड़ी हुई जमातों की अधिक-से-अधिक सहायता करने का मैं आप सबको आश्वासन देता हूँ। मैं वचन देता हूँ कि रोजगार में बढ़ोतरी, महँगाई की रोकथाम, जीवन की सभी आवश्यक वस्तुओं की उपलब्धि, निःशुल्क शिक्षा, इन सबके लिए मैं मनसा-वाचा-कर्मणा प्रयत्न करता रहूँगा। परिस्थिति विकट ज़रूर है, तब भी आप सब के सहयोग से उस पर विजय पा ली जायेगी। और प्रत्येक को उसका वांछित हिस्सा मिल जाय, ऐसी मेरी भरपूर कोशिश रहेगी। जय हिन्द! जय स्वराज्य!

(फिर से उजाला।

मुरारराव, मंजुलाबाई, सुदाम पाटिल, टेलीविज़न देख रहे हैं। मंजुलाबाई टेलीविज़न का स्विच ऑफ कर देती हैं।)

सुदाम : गुड् परफॉर्मेन्स। रिअली गुड्। आपको कैसा लगा भाभी?

मंजुला : ठीक ही था, लेकिन...

सुदाम : लेकिन क्या?

मंजुला : कुछ नहीं, सुदाम भाईसाहब! आजकल ये कुछ ज़्यादा ही मैच्योर दिखाई देने की कोशिश करते हैं।

सुदाम : क्यों?

मंजुला : अब देखिए ना; जब से मन्त्रिमण्डल में आये हैं, तब से मैं कह रही हूँ, बालों को डाय किया करें। लेकिन मजाल है जो ये मेरी बात सुनें। उस वक़्त तो बीच-बीच के कुछ थोड़े से ही बाल पके हुए थे, तब से अगर शुरू कर देते तो...

सुदाम : यह तो सच है, हाँ साहब...आज आप काफी जवान दिखाई देते। पर भाभी, क्या आप ऐसा नहीं सोचतीं कि राजनीति में कालों की अपेक्षा सफेद बालों की ज़्यादा अहमियत है? जब से मैं राजनीति में आया हूँ, तब से बड़ों के मुँह से यही सुनता आया हूँ..."ज़्यादा मत बताइये, हम सब समझते हैं। राजनीति में ही बाल सफेद हुए हैं..." इतना कह दिया कि कोई बस्स आर्ग्युमेण्ट नहीं। नौजवानों के लिए अपने-अपने घर जाने का यही संकेत काफी होता था। हाल ही की पार्टी मीटिंग में भी यही भाषा चलती रही। एक ने तो टोपी उठाकर अपने थोड़े से सफेद बाल भी दिखा दिये।

मंजुला : सफेद बालों का होना ज़रूरी नहीं है, भाईसाहब! रावसाहब के बाल कहाँ सफेद हैं? रोज़ बिला-नागा डाय करता होगा मरा!

सुदाम : हाँ! क्योंकि रावसाहब का दायरा सिर्फ़ राजनीति नहीं है भाभी! वे सिनेमा और नौटंकी की दुनिया में भी बराबर चहल-कदमी करते हैं।

मंजुला : हाँ-हाँ, पता है, औरतों की तलाश में फिरते हैं, यही ना?

सुदाम : मैंने तो सुना नहीं बाबा! अपने तो कानों पे हाथ! लेकिन अपने साहब तो ऐसे नहीं हैं? उन्हें सफेद से काले रंग कर क्या करना है?

मंजुला : सभी बातें क्या लोगों की खातिर ही करनी होती हैं?

अपनी पत्नी की खातिर भी तो कुछ करना चाहिए।

सुदाम : पर भाभी–पत्नी को तो पता ही होता हैं–अपने पति का...। सॉरी, पति के बालों के असली रंग का।

मंजुला : तब भी हर पत्नी चाहती है कि उसका पति लोगों को जवान दिखाई दे। इस पर भी कुछ कहना है आपको?

मुरार : अरे उसकी क्या सुनता है...भाषण के बारे में कुछ बता। दल की तरफ से कोई आक्षेप तो नहीं आ सकता? दल से बाहर की मुझे ज़रा भी चिन्ता नहीं। शत्रु की अपेक्षा घर के भेदियों का ज़्यादा डर है हमें।

सुदाम : मुझे नहीं लगता इस भाषण के बारे में कोई कुछ कहेगा। झमेलों वाले सभी मुद्दे जानबूझ कर टाल दिये गये थे।

मुरार : यह अपना मत बता रहा है तू?

सुदाम : नहीं-नहीं। सिर्फ़ बयान कर रहा हूँ। वैसे भाषण बहुत अच्छा था। और आज के भाषण की अपेक्षा सभी का ध्यान कल घोषित होने वाले नये मन्त्रिमण्डल की ओर होगा...पार्टी मीटिंग में भी सिर्फ़ यही चर्चा का विषय था। लेकिन जब आपने मीटिंग में आने से मना कर दिया, तो हज़ार तरह के शक लोगों का दिमाग कुतरते रहे।

मुरार : और तेरा? तेरा ध्यान नये मन्त्रिमण्डल की घोषणा की तरफ है या नहीं?

सुदाम : झूठ क्यों बोलूँ? है। मन्त्री नहीं बना तो एक रात में ही कीमत घट जायेगी मेरी अपनी कॉन्स्टीचुएन्सी में। सारे किये-कराये पर पानी फिर जायेगा। पहले अगर मन्त्री ना बना होता तो बात और थी। पर एक बार बनकर ड्राप हो जाओ तो देखो अफवाहों की बाढ़! स्मगलिंग से सीधा सम्बन्ध जोड़ देंगे लोग। नहीं तो सोचेंगे, किसी सरकार विरोधी काम में हाथ होगा।

मुरार : तुझे ड्राप ही कर रहा हूँ मैं।

सुदाम : जैसे आपकी मर्जी। *(चेहरा एकदम उतर जाता है।)*

मुरार : अरे नहीं बाबा। तेरे बगैर कैसे चलेगा मेरा? तेरे सर पर ही तो यह जिम्मेदारी ली है, सुदाम!

सुदाम : *(खुश होकर)* मन्त्री ना भी बनायें, तो भी मैं आपका साथ देता रहूँगा।

मुरार : खामख्वाह तेरी निष्ठा की परीक्षा क्यों लेता। ले लिया तुझे भी लिस्ट में।

सुदाम : थैंक्यू! *(खुशी से फूलकर)* राज्यमन्त्री की श्रेणी में या...

मुरार : फुलफ्लैण्ड मन्त्री बना रहा हूँ तुझे। लगता है ऊपर से कोई खास विरोध नहीं होगा। इस बार तुम्हारे विभाग को पूरी अहमियत दी जाय, ऐसी हवा तो थी दिल्ली में।

सुदाम : सच बताऊँ? मैंने तो यह सोच ही लिया था कि जब मुझे खाने पर बुलाया गया है, तो नये मन्त्रिमण्डल में भी मुझे शामिल कर ही लिया होगा। अब इतनी बड़ी जिम्मेदारी मैं निभा सकूँ, इसकी शक्ति भगवान मुझे दे।

मुरार : अपनी कॉन्स्टीचुएन्सी में देने वाला भाषण यहाँ मत झाड़। *(सिपाही आता है।)*

सिपाही : वह उठ गया है सरकार।

मुरार : अच्छा! उसे यहाँ ले आ।

सिपाही : जी...*(जाता है।)*

मुरार : तू उसे देखना चाहता है न सुदाम? अब उठ गया है वो। यहीं आ रहा है।

मंजुला : इसका नया अर्धांग!

मुरार : *(ज़रा इरीटेट होकर)* मंजुला!

मंजुला : इसमें झूठ क्या है? डॉक्टर तब बुलाया...

सुदाम : डॉक्टर? वो किसलिए?

मुरार : होश में नहीं था वह। मोगरे कह रहा था कोई गोली-वोली खा ली थी उसने—इसीलिए सोचा पहले से सतर्क रहना ज़्यादा ठीक होगा।

मंजुला : गोली अफीम की थी।

मुरार : *(ज़रा गुस्से से)* तो क्या हुआ?

[आगे सिन्दकर, पीछे से सिपाही आता है। सिन्दकर का चेहरा एक्स्प्रेशनलेस।]

सिपाही : ए ठहर! खड़ा रह चुपचाप।

[सिन्दकर चलता ही रहता है। आखिर एक कुर्सी

उसके आगे लगाकर सिपाही बड़ी मुश्किल से उसे रोकता है।]

मुरार : जा तू। *(सिपाही जाता है।)* सिन्दकर... *(ब्लैंक)* अब कैसे हो सिन्दकर?

[सिन्दकर कुर्सी के पीछे से रास्ता ढूँढ़कर आगे चलने का प्रयत्न करता है। ज़मीन पर कुछ ढूँढ़ रहा है।]

मुरार : *(प्यार भरा स्वर)* क्या हुआ? कुछ चाहिए क्या?

सिन्दकर : *(ढूँढ़ते हुए)* चप्पलें...मेरी चप्पलें...

मुरार : चप्पलें...वो तो बाहर होंगी। नहीं ऊपर बैड-रूम में...

[सिन्दकर उनके बोलने की तरफ ध्यान न देते हुए, चप्पलें ढूँढ़ता हुआ आगे-आगे चलता जाता है। दीवार से टकरा जाता है। शायद इसका दर्द उसे महसूस नहीं होता।]

मुरार : *(दर्द से)* अरे-टरे! *(सिन्दकर के पास जाकर उसका सर मलना चाहते हैं।)*

सिन्दकर : *(इसका ध्यान भी उसे नहीं है।)* किसने लीं? मेरी... चप्पलें...

मंजुला : चप्पलें कौन लेगा?

सिन्दकर : *(एकदम ब्लैंक चेहरे से)* चप्पलें...मेरी...

मुरार : चप्पलें मिल जायेंगी बाद में सिन्दकर। अभी बैठो—बैठो। *(उसे हल्के से पकड़कर बिठाते हैं।)* चुपचाप बैठ जा।

सिन्दकर : *(तुरन्त उठकर)* लेकिन मुझे..चप्पलें...चाहिए थी... *(चलना शुरू कर देता है। रास्ते में खड़े सुदाम को)* यह ठीक नहीं है...चप्पलें छिपा दी हैं मेरी।

सुदाम : किसने छिपाईं?

सिन्दकर : मुझे ही पूछ रहे हो। *(चुपचाप चलता रहता है।)* दरवाज़ा कहाँ गया, दरवाज़ा...जाता हूँ...चप्पलों के बगैर...चप्पलें छिपा दीं...दरवाज़ा भी छिपा दिया?

मुरार : किसी ने कुछ नहीं छिपाया। पहले यहाँ बैठ सिन्दकर। *(उसे बिठाने का प्रयत्न करते हैं।)* चुपचाप बैठ। हिलना नहीं।

सिन्दकर : *(उठते हुए)* लेकिन क्यों? बाहर जाना है...

मुरार : अब खाना खा कर ही जाना, जहाँ भी जाना है।

सिन्दकर : चप्पलें...

मंजुला : उसे तो चप्पलों की ही रट लगी हुई है...ढूँढ़ दीजिए ना उसे एक बार—

मुरार : *(मंजुलाबाई को इशारे से चुप कराते हुए)* सिन्दकर हमारी यह इच्छा है...दिली इच्छा है...कि तू आज हमारे यहाँ खाना खाये।

सिन्दकर : चप्पलें...

मुरार : चप्पलें मिल जायेंगी, नहीं तो नयी ले लेंगे...चप्पलों की क्या कमी है? पर आज तो तू यहाँ है, खाना खाके जाना। आज के दिन की ख़ुशी और भी बढ़ जायेगी। हमें अच्छा लगेगा। *(मंजुलाबाई से)* ज़रा गरम कॉफी ले आना— *(वह जाती हैं। सिन्दकर ब्लैंक खड़ा है।)* रुकोगे न सिन्दकर?

सिन्दकर : साऽऽ ला—

मुरार : क्या हुआ?

[सिन्दकर अपना सिर ज़ोर से पीट लेता है।]

मुरार : कॉफी पी लो, कॉफी। ज़रा चुस्ती आ जायेगी। *(सुदाम से)* ड्रग के नशे में है अभी भी। *(सिन्दकर उठकर चलने लगता है। मुरारराव उसे रोकना चाहते हैं, वो किसी मूड में चलता ही रहता है।)*

मुरार : *(ज़बरदस्ती उसके साथ घिसटते हुए से)* सिन्दकर, सिन्दकर, रुक...कहाँ चला?

सिन्दकर : काम पर—काम पर जा रहा हूँ...

[चलता रहता है।]

मुरार : *(सिन्दकर को रोकने में नाकामयाब होकर)* सुदाम... *(सुदाम जाकर सिन्दकर को पकड़ता है।)*

सिन्दकर : अरे छोड़िए मुझे—छोड़िए... *(बेकाबू होना चाहता है। चेहरा ब्लैंक)*

मुरार : नहीं सिन्दकर, तू ऐसे नहीं जा सकता...सुदाम पकड़ के रख उसे...पकड़ *(बेल बजाते हैं। सिन्दकर रुका हुआ, जो सिपाही आता है उसे)* कुछ नहीं, जा... *(सिपाही कन्धे*

झटककर चला जाता है।)

सुदाम : साहब कितनी देर ऐसे पकड़े रखेंगे इसे? जाने दीजिए जहाँ जाना चाहता है...

मुरार : नहीं, बिल्कुल नहीं! *(सुदाम चौंककर देखने लगता है।)* अभी नहीं। कॉफी आ रही है। तुम नहीं जानते सुदाम, इस हालत में कहाँ जायेगा यह? रात का वक़्त है...ऊपर से इसकी यह हालत...किसी चीज का होश नहीं इसे... पेट में भी कुछ नहीं–और हम खाना खायें?... *(सुदाम मुरारराव की तरफ देखता रहता है। इस वक़्त तक सिन्दकर पीठ किए हुए एक तरफ पैंट के बटन खोलने का प्रयत्न कर रहा है।)*

मुरार : क्या हुआ, सिन्दकर?

[जल्दी से घण्टी बजाते हैं। सिपाही दोबारा आता है।]

जल्दी से बाथरूम में ले जा इसे–जा...भाग...

सिपाही : *(सिन्दकर से)* चल बे–

मुरार : *(एकदम गुस्से से)* अगर वह खुद जा सकता तो तुझे बुलाने की क्या ज़रूरत थी गधे? इतनी भी अक्ल नहीं तुझे? मूर्ख कहीं का। ठीक से पकड़ कर ले जा। जल्दी कर–

(सिपाही जबरदस्ती सिन्दकर को पकड़कर अन्दर ले जाता है।) सँभालना इसे–कहीं जाने की कोशिश करेगा–गिर जायेगा–यहीं वापिस ले आना–लापरवाही मत करना–*(सिन्दकर और सिपाही अन्दर जा चुके हैं।)* *(सुदाम को)* ड्रग्ज से बरबाद हुआ जा रहा है। स्वास्थ्य खराब हो चुका है। ठीक से खा-पी भी कहाँ सकता होगा। मुझे तो लगता है, यह जल्दी ही मर जायेगा–

सुदाम : मुझसे पूछो तो साहब, इसे बचाने की कोशिश करना बेकार है–

मुरार : लेकिन मैं ऐसी कोशिश करूँगा सुदाम! तुझे हैरत होगी। तू समझेगा मैं पागल तो नहीं हो गया, राज्य की जिम्मेदारी के साथ-साथ यह भी कर रहा हूँ। लेकिन ऐसा नहीं है।

इसी इनसान की वजह से मैं आज ज़िन्दा हूँ। इसने उस वक़्त मुझे अपनी किडनी दी तभी आज मैं हूँ, और बदले में मुझ से कुछ माँगा भी नहीं। कुछ भी नहीं। सीधा चला गया। और आज मैं उसे ऐसे ही मरने दूँ? मैं उसे यूँ ही छोड़ दूँ? यह कैसे हो सकता है, सुदाम! *(भावुक स्वर से)* इनसानियत नाम की भी कोई चीज है या नहीं? मैं अपने पेट में उसका एक ज़िन्दा हिस्सा लिए हुए हूँ...मैं और वह अब बँध चुके है... *(मंजुलाबाई कॉफी ले कर आती हैं।)*

मंजुला : कहाँ है...आपका वो?

मुरार : अब तक आ जाना चाहिए था... *(व्यग्रता से कॉल-बेल बजाते हैं। सिपाही आता है)* कहाँ है रे वो?

सिपाही : *(टालमटोल करते हुए)* है...

मुरार : जल्दी ले आओ उसे यहाँ...

सिपाही : कपड़े बदल रहे हैं उसके...

मुरार : क्यों?

सिपाही : *(संकोच से)* कपड़ों में...कर दी उसने...

सुदाम : क्या?

मंजुला : छीः ! कहाँ!

सिपाही : *(मंजुलाबाई से)* बाहर ही...कारपेट पर...

मंजुला : कारपेट पर!

मुरार : कमाल है! *(स्वर बदलकर)* रहने दो। वैसे भी हम यह फ्लैट छोड़ ही रहे हैं...उधर नयी कारपेट्स होंगी...

मंजुला : तो क्या हुआ? *(सिपाही से)* और तुम लोग सब क्या कर रहे थे?

सिपाही : हम—हम क्या करेंगे...उसे कोई सुध-बुध ही नहीं थी...

मंजुला : उसे भले ना हो...पर तुम्हें तो होश था या नहीं?

सुदाम : आप परेशान मत होइये, मैं जाकर देखता हूँ क्या बात है—

मुरार : तुम रुको। *(खुद अन्दर चले जाते हैं। मंजुलाबाई गुस्से में।)*

सुदाम : अजीब है!

मंजुला : अब आप ही बताइये, कैसे क्या करें?

सुदाम : हमारे साहब तो एकदम हिसाबी-किताबी इनसान...भावना से कोसों दूर...पिछले साल जब मन्त्री थे, तो कितना बड़ा करप्शन का आरोप लगा था, 'त्यागपत्र दीजिए' का कितना शोर विरोधियों ने मचाया था। साहब जब खाद्यमन्त्री थे तो सूखे की बात लेकर विरोधियों ने प्रदर्शन और घेराओं का हंगामा खड़ा कर दिया था। कोई पतली खाल वाला होता तो कभी का कुर्सी छोड़कर भाग लेता, लेकिन साहब तो हिमालय की तरह अडिग रहे। हिले तक नहीं। इतनी ताकत थी तभी तो साहब आज तक टिके रहे...और आज वही इस तरह!

मंजुला : मेरी समझ में तो कुछ भी नहीं आ रहा। मुख्यमन्त्री बनने की खुशी मनाने चली थी, तो यह बखेड़ा खड़ा हो गया।

सुदाम : नहीं। यह उनके स्वभाव में नहीं है, भाभी!

मंजुला : पर जो कुछ हुआ है, वह तो सच है, तब क्या?

[मुरारराव सिन्दकर को पकड़े हुए धीरे-धीरे आते हैं। सिन्दकर ने एक बड़ी पैंट, टाई से बाँधकर पहनी हुई है। चेहरा ब्लैंक।]

मुरार : आ। बैठ यहाँ। उसे बिठाते हैं। प्यार से थपथपाते हैं। बैठ। ले, कॉफी पी ले। *(मंजुलाबाई सिन्दकर के हाथ में कॉफी का कप देने लगती हैं।)* इधर ला। उससे पकड़ा नहीं जायेगा। *(खुद सिन्दकर को कॉफी प्लेट में उड़ेलकर देने लगते हैं।)*

सुदाम : मैं पिला देता हूँ साहब...

मुरार : नहीं। तुझसे नहीं होगा। *(सिन्दकर को कॉफी पिला रहे हैं।)* बच्चा है एकदम। कुछ नहीं कर सकता और जाने लगा था... कैसे जाता बेटे? रास्ते पर भीड़ कितनी...ले, कॉफी ले...

सिन्दकर : *(कॉफी पीने से ज़रा चुस्त होकर उठते हुए)* बस्स। *(चलने लगता है।)*

मुरार : अरे! फिर से कहाँ चला? सिन्दकर...*(रोकते हैं।)*

सिन्दकर : कौन रोक रहा है मुझे?

मुरार : नहीं सिन्दकर ऐसे मत जाओ...

सिन्दकर : साला, उल्लू का पट्ठा!

[सिन्दकर यह मुरारराव से कहता है, और मुरारराव शॉक्ड।]

सुदाम : *(शर्ट की बाँहें ऊपर करते हुए!)* एँ किसे कह रहा है उल्लू का पट्ठा? राज्य के मुख्यमन्त्री हैं वे...

सिन्दकर : उल्लू का पट्ठा!

सुदाम : अदब से बात कर!

मुरार : जाने दे, सुदाम। होश में नहीं है वो।

सिन्दकर : कौन कहता है मैं होश में नहीं हूँ? उँगलियाँ दिखाओ बराबर गिनता हूँ। बोलने का काम नहीं। दिखाओ उँगलियाँ, दिखाओ!

मुरार : हाँ, हाँ। तू बिल्कुल होश में है, सिन्दकर...

सिन्दकर : हाँ ऽ ऽ ऽ।

मुरार : इसीलिए तो कह रहा हूँ तू खाना-वाना ठीक से खा ले...

सिन्दकर : हट् ऽ ऽ!

मुरार : हमारा-तुम्हारा एक अलग ही रिश्ता है। है ना सिन्दकर?

सिन्दकर : तुम्हारा होगा, अपन का नहीं।

मुरार : मैं जिन्दा हूँ, मुख्यमन्त्री हूँ, उसका कारण मेरे पेट की स्वस्थ किडनी है...जो तूने दी है...तूने...बदले में कुछ भी नहीं माँगा जिसके...

सिन्दकर : साली चप्पलें...

मुरार : सिन्दकर, आज तू यहाँ से खाली हाथ नहीं जायेगा।

[यह सुनकर सिन्दकर लड़ने के लिए तैयार हो जाता है।]

मतलब तू जा नहीं सकता...तेरा जाना ठीक नहीं होगा—

सिन्दकर : दरवाज़ा कहाँ गया?

मुरार : मिल जायेगा बाद में।

सिन्दकर : नहीं। पहले मिलना चाहिए। और चप्पलें...वो भी...

सुदाम : *(धीरे से)* अब बोलिए नहीं साहब! जब दरवाज़ा ही नहीं मिलेगा तो जायेगा कैसे...खाना तैयार होने तक यहीं घर में फिरता रहेगा...हाँ...

[सिन्दकर किसी चीज से टकराकर गिर पड़ता है।]

मुरार : *(आगे होकर)* अरे अरे... *(पास जाकर सँभालते हैं।)* चोट तो नहीं आयी सिन्दकर? कहाँ लगी?

सिन्दकर : *(पैंट की जेब टटोलते हुए)* पैसे...पैसे गये...चप्पलें भी गयीं...दरवाज़ा गया...साला...क्या मज़ाक़ है...मज़ाक़ ही है... *(उठने का प्रयत्न करता है।)* पैर भी...गये...

मुरार : *(भावुक स्वर में)* चिन्ता मत कर तू सिन्दकर, बेशक सब कुछ चला जाये, तो भी मैं हूँ...मैं हूँ तेरा...इस राज्य का मुख्यमन्त्री...तेरे पीछे...पर्वत की तरह खड़ा हूँ...

सिन्दकर : *(देखता रहता है। इशारे से पास बुलाता है। मुरारराव के पास आते ही आँख मारते हुए)* डरो मत—मैं भी तुम्हारा हूँ...

मुरार : हो ना?

[मुरारराव की तरफ देखकर सिन्दकर चुम्बन लेने का संकेत करता है।]

मंजुला : यह क्या? कोई देख लेगा तो क्या कहेगा...

मुरार : कहने दो। अब मैं उसकी फिक्र नहीं करता मंजुला! एक अलग ही माहौल में पहुँच गया हूँ मैं। सच्चे प्रेम के संसार में...

मंजुला : इसका और आपका प्रेम!

मुरार : हाँ, इसका और मेरा प्रेम! दिव्य प्रेम! एक खून का प्रेम मंजुला! एक ब्लडग्रुप का प्रेम! किडनी की शल्यक्रिया के एक कोमल तन्तु से हम बँध गये हैं, है ना सिन्दकर?

सिन्दकर : *(हाँ में सिर हिलाता है)* आय लव्ह यू! *(बेसुरा गुनगुनाने लगता है।)*

मंजुला : कब तक चलेगा यह तमाशा?

मुरार : सिन्दकर! आख़िर हम दोनों के मन एक हो गये, अच्छा हुआ। शरीर तो पहले से ही एक हो चुके थे।

सुदाम : *(मंजुलाबाई से)* ऐसा-वैसा कुछ नहीं भाभी! आप इसका सीधा-सीधा अर्थ समझो...हाँ...

मुरार : सिन्दकर, सिन्दकर आज का दिन बहुत मूल्यवान है।

सिन्दकर : इंगलिश म्यूजिक गाने का प्रयत्न करता है।

मुरार : गा, मेरे पंछी...गा...मेरे प्राण गा...

मंजुला : *(सुदाम से)* अब मझसे नहीं सुना जाता।...

सुदाम : यह सब "वैसा" नहीं—सीधे अर्थों में...

मुरार : *(सिन्दकर के गले में बाँहें डालकर)* अब अपने दिव्य प्रेम से हम त्रैलोक्य प्रकाशित कर देंगे—अपने प्रेम के बूते पर इस राज्य का ऐसा कल्याण कर डालता हूँ... विरोधियों की सारी हवा निकाल देता हूँ—घर के भेदियों की चमड़ी उधेड़ता हूँ...आज तू मिल गया...सच्चे मानों में दिल ने दिल की राह पा ली—*(उसे हल्के-से छूकर)* तेरी जात कौन-सी है सिन्दकर? ज़रूर ही वह नीची होगी—इसका मतलब हमारा यह शारीरिक सम्बन्ध समाजवाद कहलायेगा—हर जाति के लिए एक अच्छा उदाहरण रहेगा—क्रान्तिकारी कहलाएगा।

मंजुला : *(जल्दी से)* भाई साहब, मैं ज़रा अन्दर खानें की तरफ देखती हूँ—*(अन्दर चली जाती है।)*

मुरार : क्यों सुदाम, तुम्हें आश्चर्य हो रहा होगा यह सब देखकर?

सुदाम : आपको नहीं हो रहा?

मुरार : युगों-युगों के बन्धन हैं यह—सिन्दकर और मैं—दो शरीर—किडनी एक—नहीं। आत्मा एक। कितनी शान्ति महसूस हो रही है।

सुदाम : *(धीरे-से)* साहब, यह सब ठीक है, लेकिन बाहर किसी को पता चल गया तो बहुत बड़ा स्कैण्डल होगा...

मुरार : स्कैण्डल? इसमें कौन-सा स्कैण्डल है? कैसा स्कैण्डल? यह तो दुनिया का सबसे पवित्र रिश्ता है, सुदाम!

सुदाम : पर लोगों की समझ में भी तो आना चाहिए...

मुरार : इसमें ना समझने की क्या बात है? सिन्दकर और मैं...मैं और सिन्दकर—

सुदाम : *(गला साफ करते हुए)* आखिर आप दोनों पुरुष हैं साहब।

मुरार : तो? *(एकदम ध्यान में आकर)* सुदाम इतनी बुरी नज़र? छिः, छिः।

सुदाम : अपने बारे में नहीं, लोगों के बारे में बात कर रहा हूँ।

सिन्दकर : क्या कोई गड़बड़ है?

मुरार : कुछ नहीं भैया। अभी खाना आता है, हम दोनों खायेंगे। *(सुदाम अनजाने ही में कानों में उँगलियाँ डाल लेता है।)* और मजे से डकार लेंगे। ऐसा पाठ स्कूल में पढ़ा था हमने। स्कूल की एक-एक याद ताज़ी हुई जा रही है। आगे पढ़ने की इच्छा थी, पर वहीं पढ़ाई ख़त्म हो गयी।

सिन्दकर : *(मुरारराव की तरफ निर्विकार रूप से देखते हुए)* उल्लू का पट्ठा! *(मुरारराव सैल्फकॉन्शस हँसते हैं।)* उल्लू का पट्ठा! उल्लू का पट्ठा!

मुरार : *(ज़रा अस्वस्थ होकर, दूर से देखते हुए नौकरों को)* क्या है रे? जल्दी-से खाना लाओ पहले—भागो—यहाँ क्यों खड़े हो—

[नौकर दौड़कर अन्दर चले जाते हैं।]

सिन्दकर : *(मुरारराव की तरफ उसी तरह देखते हुए)* उल्लू का पट्ठा!

मुरार : *(ध्यान न देने का प्रयत्न करते हैं)* खाना आता ही है सिन्दकर...

सिन्दकर : उल्लू का पट्ठा!

मुरार : अरे सुदाम तुम बैठो ना...खड़े क्यों हो? आँ? खड़े क्यों हो तुम?

सिन्दकर : उल्लू का...पट्ठा!

सुदाम : मैं ज़रा चलूँ साहब। खाने का क्या है, कभी बाद में खा लूँगा—कल, परसों... कभी भी—मैं तो घर का ही हूँ—ज़रा थोड़ा पार्टी का काम था—अभी-अभी याद आया—मैं तो भूल ही चला था—

मुरार : क्यों? रुक जाओ ना—

सिन्दकर : *(ऊँची आवाज़ से)* ए उल्लू के...पट्ठे!

सुदाम : नहीं—अन्दर भाभी को बता दूँ—सुबह आऊँगा—सुबह—अब आज्ञा दीजिए—जाता हूँ—

[जल्दी से अन्दर चला जाता है।]

सिन्दकर : *(मुरारराव की तरफ ब्लैंकली एकटक देखता है। फिर हँसते हुए)* उल्लू का पट्ठा!

मुरार : *(स्वर दर्द से भरा हुआ)* जब तुम ऐसा कहते हो भैया... और वो भी किसी के सामने–तो यूँ ही गलतफैमी हो जाती है। लोगों को क्या पता अपना रिश्ता?

सिन्दकर : रो तू। रो। अच्छी तरह से रो।

मुरार : तुमसे मैं आदर की अपेक्षा नहीं करता...अपना रिश्ता ही अलग है–मैं कुबूल करता हूँ कि मैंने कुछ पाप ज़रूर किये होंगे–आखिर राजनीति है–सेर को सवा सेर होकर दिखाना पड़ता है राजनीति में...यह सज्जनों का क्षेत्र नहीं है...पर जब और लोगों के सामने...कुछ भी हो, इस राज्य का मुख्यमन्त्री हूँ मैं–

सिन्दकर : और ज़ोर से रो।

मुरार : सिर्फ़ इतना लिहाज करना, और हमें कुछ नहीं चाहिए...हम दोस्त...हम भाई...एक थाली में खायेंगे–

सिन्दकर : ज़ोर से रो।

मुरार : नहीं...*(भावना-भरे स्वर में)* भैया...भैया... *(रोने लगते हैं तभी नौकर आ जाता है। एकदम, सँभलकर)* क्या है रे? क्या है?

नौकर : *(सकुचाकर)* खाना...खाना लगा दिया है...

मुरार : आ रहे हैं, चल–चल भैया–

[अँधेरा। सफेद परदे पर प्रकाश।
टेलिविज़न पर खबरें। खबरें पढ़ने वाला :
"नये मुख्यमन्त्री श्री मुरारराव का अभिनन्दन करने के लिए उनके निवास स्थान पर सुबह से ही उनके चाहने वालों की भीड़ लगी हुई थी–"
मुख्यमन्त्री को हार, फूल आदि देने के दृश्य। उनका हँसता हुआ चेहरा।
भूतपूर्व मुख्यमन्त्री ने नये मुख्यमन्त्री के विषय में एक पत्र में अपने उद्‌गार व्यक्त करते हुए कहा है कि कामगार वर्ग से आने वाले इस मुख्यमन्त्री द्वारा सही मानों में इस राज्य का बहुमुखी विकास होगा, ऐसी आशा मैं व्यक्त करता हूँ। इसी प्रकार के उद्‌गार नये मुख्यमन्त्री ने भी भूतपूर्व मुख्यमन्त्री

के लिए व्यक्त किये और कहा कि उनके द्वारा शुरू किये गये पुनीत कार्य हम पूरे करके छोड़ेंगे–"

सफेद परदे पर अँधेरा।

अँधेरा।

प्रकाश। घड़ी में पन्द्रह या तेरह घण्टे बजते हैं। मुरारराव और सिन्दकर अन्दर से बाहर आते हैं। मुरारराव सन्तुष्ट हैं। नाइट गाउन पहना हुआ है।]

मुरार : *(डकार लेते हुए; पायदान लेकर पालथी लगाकर बैठता है।)* तू हमारे यहाँ आया, तूने हमारे साथ चार कौर खाना खाया, हमें इससे अपना आज का दिन कुछ सार्थक हुआ-सा लग रहा है। आज बहुत-बहुत खुश हूँ मैं।

सिन्दकर : दरवाज़ा उधर है ना?

मुरार : क्या हुआ?

सिन्दकर : चलता हूँ।

मुरार : कहाँ जा रहे हो?

सिन्दकर : जाना चाहता हूँ यहाँ से।

मुरार : अभी?

सिन्दकर : हाँ। जाऊँगा।

मुरार : पर...ज़रा रुक जाओ। पान खाकर जाना...।

सिन्दकर : नहीं *(जेबें टटोलने लगता है।)* साला...

मुरार : क्या हुआ *(कोई बात ध्यान में आते हुए)* लेकिन मुझे तुझसे जो कहना था, वह अभी बाकी है। मतलब अभी तक तू...वैसे ठीक नहीं था।

सिन्दकर : *(चौकन्ना होकर फिर से जेबें बड़ी उत्सुकता से टटोलता है।)*

मुरार : *(यह सब देखते रहते हैं। फिर गला साफ करते हुए)* तो भैया! यह मौका देखते हुए एक-दो बातें कहना चाहता हूँ तुझसे, सुन रहा है ना तू?

[सिन्दकर अब पागलों की तरह जेबें बार-बार उलट-पुलटकर देख रहा है। इस वक़्त उसका ध्यान कहीं नहीं है। जेबें उलट-पुलट करने की गति और तेज़ हो जाती है।]

मुरार : भैया...*(सिन्दकर का ध्यान नहीं है।)*
भैया... *(सिन्दकर का ध्यान नहीं है।)*
तो भैया...

[अत्यधिक गति से सिन्दकर वही जेबें उलट-पुलट करने लगा में हुआ है।]

मुरार : *(भावना से भरे हुए, और कुछ भयभीत होकर यह सब कुछ देख रहे हैं।)* जो तुझे चाहिए वह उसमें नहीं मिलने वाला भैया। उसमें वह है ही नहीं। क्योंकि मैंने वह निकाल लिया है। ज़रा यहाँ बैठ और मेरी बात ध्यान से सुन। तेरी ही भलाई की बात हम करने जा रहे हैं।

[कोई असर नहीं है। सिन्दकर अद्भुत गति से अपने काम में लगा हुआ है। एकदम रुककर जेबें टटोलने के लिए निकाली हुई कमीज, वह गुस्से से ज़मीन पर पटकता है। मुरारराव की तरफ लड़ने के इरादे से देखता रहता है।]

सिन्दकर : *(ज़ोर-से दाँत भींचते हुए)* उल्लू का पट्ठा...

मुरार : *(ज़रा घबराकर)* भैया...*(धीरज करके सिन्दकर की तरफ पान बढ़ाते हुए)* ले पान ले। *(सिन्दकर लड़ाई के इरादे से मुरारराव की तरफ देखता रहता है।)* भैया पान ले। *(सिन्दकर एक तरफ थूकता है, और उसी लड़ाई वाले पोज़ में खड़ा हुआ है।)* ले पान ले भैया...खुद अपने हाथों से मैंने बनाया है। *(सिन्दकर पैर से मिट्टी कुरेदने जैसा कुछ करता है। क्रोधी मुद्रा में ही।)* मैं...मैं डालूँ पान मुँह में? कर, आ कर...कर आ...आ देखूँ...इधर कर मुँह...इधर...उधर नहीं इधर...

[सिन्दकर और मुरारराव, उसी जगह पकड़न-पकड़ाई जैसा करते हैं और सिन्दकर एकदम से टारज़न की तरह चिल्लाकर दौड़ते हुए बाहर निकल जाता है। मुरारराव अन्दर जाने वाला दरवाज़ा ठीक से बन्द करके टुथप्रिक से दाँत कुरेदते हुए चुप बैठे रहते हैं। सिन्दकर वापिस आकर चिढ़ा-सा खड़ा रहता है।]

आ गये भैया। आ बैठ। दरवाज़ा बन्द है ना? सभी दरवाज़े बन्द हैं? तेरे सारे इरादे जानते हुए सारी व्यवस्था पहले ही कर दी थी मैंने। यूँ ही थोड़े मुख्यमन्त्री बन गया मैं? सत्ता की गोली खाकर मस्त हुए पहले मुख्यमन्त्री से भी तेज़ निकला मैं, वो तो बैठ गया हाथ मलते हुए। अब तो बैठेगा ना भैया? नहीं तो खड़ा रह चल।
(सिन्दकर जबरदस्ती बैठ जाता है।) मेरी बात सुनकर तू ज़रा विचार करने लायक रहे। इसीलिए तो मैंने तेरी जेबों से गोलियाँ निकलवा ली थीं। *(सिन्दकर उठना चाहता है।)* बैठ भैया। *(ज़मीन पर पड़ी उसकी कमीज़ उठाकर उसकी तरफ फेंकते हुए)* यह डाल ले। गोलियाँ चाहिए हों तो तुझे मेरा कहना सुनना पड़ेगा। *(सिन्दकर बड़ा अनमना-सा होकर कमीज़ डालता है।)* अब मैं बोलना शुरू करता हूँ। *(उठकर एक तरफ रखा हुआ पैड और बॉलपेन लाकर बैठ जाते हैं।)* अगर कोई शंका हो तो एक हाथ ऊँचा उठाना। ऐसे। *(हाथ ऊँचा करके दिखाते हैं।)* जब मैं पूछूँ तभी अपनी बात बताना। तो भैया, किसी एक संयोग से हम इकट्ठे हुए। शरीर मिले—मतलब ब्लड-ग्रुप, किडनी वगैरा, तब मैं मुख्यमन्त्री नहीं था। मैं मुख्यमन्त्री बनूँगा ऐसा तो किसी ने सोचा भी नहीं था। खुद मैंने भी नहीं सोचा था, दूसरों की तो बात ही क्या? जब मैं मरने लगा था, तब डॉक्टरों ने एक विशिष्ट ब्लड-ग्रुप का विज्ञापन देकर एक ट्रैप या एक किस्म का पिंजरा लगाया था और उस पिंजरे में तू अपने-आप खिंचकर चला आया...बिना किसी के बुलाये ...बिना कोई माँग किये...वैसे देखा जाय तो लालच के लिए भी उस वक़्त उस पिंजरे में कुछ रखा नहीं गया था। एक किडनी खोकर तू चला गया। और फिर तेरे लिए जाने-अनजाने मेरे दिल में एक अजीब-सा अपनापन घर कर बैठा। इसीलिए दूसरा पिंजरा तेरे लिए बनाया गया। मुख्यमन्त्री बन जाने के बाद जिस नये विज्ञापन में तू फँसकर यहाँ चला आया। *(यह सारी बातें चल रही*

हैं, लेकिन सिन्दकर का ध्यान उधर नहीं है। सिन्दकर बारी-बारी से एक हाथ बार-बार ऊँचा कर रहा है।) कुछ कहना है?

सिन्दकर : गोलियाँ, गोलियाँ!

मुरार : बाद में। हाँ तो फिर अपने मुद्दे पर आते हम हैं। अब तू यहाँ से आसानी से नहीं जा सकता। इस वक़्त मैं जो कुछ भी चाहूँ, कर सकता हूँ, मसलन तुझे दहशतवादी कहकर संरक्षण कानून के अधीन अभी इसी समय जेल, या गद्दार कहकर हमेशा के लिए देश-निकाला! लेकिन अधिकार इस्तेमाल करने की आदत होते हुए भी मुझसे यह नहीं हो सकेगा, क्योंकि तेरे लिए मेरे दिल में कृतज्ञता की भावना है। यह अनुभव कुछ अलग ही है। लेकिन राजनीति की कृतघ्नता-भरी ज़िन्दगी में यह चेंज मुझे अच्छा लग रहा है।

(सिन्दकर दोनों हाथ ऊँचे करके पागलों की तरह उन्हें हिला रहा है।) हाथ नीचे कर भैया, और आगे सुन। आज मैं तेरे लिए ऐसा कुछ करना चाहता हूँ, जिससे मुझे कुछ सन्तोष मिले। वैसे मैं बड़ा असन्तुष्ट आदमी हूँ। हाँ, तो मैं तेरे लिए क्या कर सकता हूँ?

सिन्दकर : *(हाथ नीचे करते हुए)* गोलियाँ।

मुरार : या तो मैं एक ऐसी नौकरी तुझे दिलवा दूँ, जिसमें काम कम-से-कम हो, एअर कण्डिशण्ड कैबिन हो, मोटी तनख्वाह हो, बार-बार विदेश जाने का चान्स हो। *(सिन्दकर उँगलियों से 'गोली' का इशारा करता है। अलग-अलग तरीकों से।)* तू हाँ कह दे, तो मिल गयी समझ। वैसे इस शहर की किसी आलीशान जगह पर कोई आलीशान फ्लैट भी मैं तुझे दिलवा सकता हूँ। तू चाहे तो उसे चौगुने किराये पर चढ़ा सकता है या उसमें औरतों से धन्धा करवा सकता है। *(सिन्दकर की ओर से अब भी कोई उत्तर नहीं)* नहीं? जो कुछ मैं कह रहा हूँ, वो तू ठीक से सुन भी रहा है या नहीं? ज़िन्दगी में दुबारा तुझे यह सब कुछ सुनने को नहीं मिलेगा। अच्छा

ये भी रहने दे, तू चाहे तो किसी अच्छे-से उद्योग का लायसेन्स और वो भी बिना अपना हिस्सा रक्खे मैं तुझे दिलवा सकता हूँ। पूरी सोने की खान, तुझ अकेले को! *(वेट करके)* यह भी नहीं? चलो छोड़ो, तो फिर...कॉन्ट्रैक्ट देने वाली किसी कमेटी का अध्यक्ष तुझे बनवा दूँ? देख ले, कॉन्ट्रैक्ट देने के बदले में तो सभी ऋद्धि-सिद्धियाँ हाथ जोड़े सामने खड़ी रहती हैं। कार, शराब, शबाब, इम्पोर्टेड टी.वी. सैट, फ्रिज एअरकण्डीशनर, फर्निश्ड फ्लैट, इनमें से कुछ भी, या यह सब कुछ मिल सकता है। *(थोड़ी देर रुककर)* गोलियाँ खा-खा के तेरा तो दिमाग खराब हो गया है। *(सिन्दकर न बोलते हुए, ओंठों के इशारे से 'गो' 'ली' यह शब्द बार-बार दोहरा रहा है। चेहरा टेढ़ा-मेढ़ा कर रहा है।)* तू भी कमाल का है। अब एक और जबरदस्त ऑफर है, ठीक से सुन। राज्य के सहकारी बैंक के मैनेजिंग डायरेक्टर की पोस्ट! एक पूरे का पूरा वैभवशाली साम्राज्य! साथ में चम्मचों की लम्बी कतार, ऐसा ओहदा है यह कि वक़्त आने पर मन्त्री तक झुक जाते हैं। *कितनी बड़ी पोस्ट! और जो पहले बतायी थी वही सब सुख-सुविधाएँ। सिन्दकर की तरफ मुरारराव की पीठ है, पीछे ताली की आवाज़। मुरारराव मुड़कर देखते हैं।)* ये हुई ना बात! अब समझा तू! *(सिन्दकर ने मच्छर मारा है।)* नहीं इतने पर भी नहीं। तू आदमी है या हैवान? कोई महात्मा-वहात्मा समझता है क्या खुद को? और तो और महात्माओं के मुँह में भी पानी आ जाता है...सत्ता के नाम पर! बड़े-बड़े रईसों से मिलने वाले मान-सम्मान के नाम पर! फिर तू किस खेत की मूली है? अब आखिरी मौका है...एक ही ऑफर...तेरा भरपेट कल्याण करने वाली...खुद भगवान भी झड़प लें जिसे। जहाँ से बिना शर्त चुने जाओ ऐसी कौन्स्टीचुएन्सी का टिकट—लोकप्रतिनिधि की सनद जेब में रखकर मनमाना स्वार्थ साधने का एक पास! सत्ता से लेकर मत्ता तक जब जी में आये, पाँच साल तक तिजोरी खोलने की एकमात्र

चाबी! बोल, हाँ बोल दे भैया—बोल दे हाँ—और समझ ले तुझे मैंने वह दे दी।

[मुड़कर देखते हैं। सिन्दकर कुर्सी से गायब।]

अरे! कहाँ गया? कहाँ गया तू भाई?

[सिन्दकर टेबल के नीचे बैठा हुआ है।]

(ढूँढ़कर) वाः बेटे! ऐसा मज़ाक़! बाहर निकल पहले। निकल बाहर।

[सिन्दकर वैसे ही टेबल के नीचे बैठा हुआ है। मुरारराव भी उसके सामने बैठ जाते हैं।]

लालच से तू बच नहीं सकता भैया! यह सरासर कायरता है। यह तो रोने वाला खेल हुआ। बाहर आकर सिर्फ़ नम्बर बता। एक-एक नम्बर याने मेरा दिया हुआ एकाएक खजाना है खजाना! बोल एक की दो, या दो की तीन, या फिर चार? या पाँच या सात? कोई भी एक नम्बर बोल। बोल नम्बर। इक्का या छक्का? सोच ले छक्का बुरा नहीं—*(सिन्दकर वैसे ही चुप)* नहीं? अभी तक तेरा पत्थर दिल ललचाया नहीं? अच्छा इनमें से कोई भी आँकड़े एकदम दो—ठीक! कम्पनी का दिवाला—एक में दो...एक में दो...कोई भी उठाओ...एक ही दफा दो का ब्रैकेट...चलो जल्दी करो...जल्दी करो...*(सिन्दकर पहले की तरह ही टेबल के नीचे चुप बैठा हुआ है।)* एक और तीन? दो और पाँच? चार और सात? या अगर चाहो तो छः और...छः? या पाँच? कोई भी दो—कोई भी तीन—आखिर मौका—तीन—जल्दी करो—उठाओ तीन कोई भी तीन—*(सिन्दकर पहले की तरह ही चुप।)* *(मुरारराव पसीना पोंछकर तेज़ साँस लेते हुए चक्कर लगाते हैं।)* अच्छा। तुझे कुछ नहीं चाहिए? कर्म से ही दरिद्री है तू। हठ की भी हद हो गयी। बिना कुछ दिये सब कुछ मिल रहा है, वो इसे नहीं चाहिए। मुख्यमन्त्री का प्रत्यक्ष अपमान कर रहा है तू। अधिकार पाये हुए मुझे अभी चौबीस घण्टे भी नहीं हुए, लेकिन तेरी भलाई के लिए सत्ता का गैर उपयोग तक करने चला था मैं।

तुझे इसकी ज़रा भी कद्र नहीं। बन्दर के सामने मोती डाल देने वाली बात हुई यह तो। मेरी कोशिशें ख़त्म हुईं, मैं हार गया। बाहर आ, जा अब। तू जा सकता है। तेरी गोलियाँ वापिस कर दूँगा मैं।

(सिन्दकर टेबल के नीचे से बाहर आकर खड़ा हो जाता है।) हद से ज़्यादा हठी है तू, लेकिन तुझे कुछ फायदा पहुँचाने की मेरी इच्छा अभी मरी नहीं। तेरे लिए नहीं, अपने दिल की तसल्ली के लिए मुझे तेरे लिए कुछ करना पड़ेगा। मेरे मन का बोझ मुझे हल्का करना ही पड़ेगा। मुझे अपनी आत्मा मुक्त करनी होगी। अपना कर्तव्य करना होगा।

(मुरारराव चक्कर लगा रहे हैं। अचानक मुरारराव सिन्दकर को नीचे सीधा गिरा कर उसकी छाती पर सवार हो जाते हैं।) भैया सिन्दकर! आखिर नाकामयाब होकर मुझे यह रास्ता अपनाना पड़ा। फेरीवाले की ज़िन्दगी में फुटपाथ पर म्यूनिस्पैलिटी से अपनी जगह का गैर कानूनी हक लेने के लिए जो रास्ता अपनाना पड़ता था, वही रास्ता मुख्यमन्त्री बन जाने के बाद भी अपनाना पड़ेगा, ऐसा मैंने स्वप्न में भी सोचा नहीं था। लेकिन कभी-कभी सत्य स्वप्न की अपेक्षा ज़्यादा अद्भुत लगता है। आदत ना रहने के बावजूद मैंने आज इस रास्ते को अपना ही लिया। तेरे पैर पड़ूँ या तेरी छाती पर सवार हो जाऊँ, इन दिनों रास्तों में से मुझे यही रास्ता ज़्यादा पसन्द आया। तो अब मुझे वचन दिये बगैर तेरी छुट्टी नहीं होगी। आज मैं तुझे एक से एक बढ़िया चीजें पेश कर रहा था, तूने उनमें से एक भी स्वीकार नहीं की। लेकिन भविष्य में जिस चीज की तुझे ज़रूरत होगी वो तू मुझ से ही माँगेगा, यह वचन तुझे आज देना ही होगा। जब तक तू वचन नहीं देगा, तब तक मैं तुझे छोड़ूँगा नहीं। *(टेलीफ़ोन बजने लगता है। सिन्दकर की छाती पर बैठे-बैठे ही मुरारराव रिसीवर उठाते हैं।) (सिरीवर पर)* कौन बसाले? पूरा शहर छान मारने पर भी तुम्हें

वह नहीं मिला? तो फिर बैठे रहिए हाथ पर हाथ धरे। वह नहीं मिला तो अपनी रिटायरमेंट पक्की समझिये। कुछ भी करिए, उसे ढूँढ़ निकालिए। बहाने बिल्कुल नहीं सुनूँगा। नहीं, अभी ज़रा काम में हूँ, सुबह, गुड नाइट, एण्ड स्वीट ड्रीम्स। *(रिसीवर रख देते हैं।)* बैठो चिल्लाते हुए बेटे, अच्छे पकड़ में आये हो। जब मैं फेरी वाला था तब यह फौज़दार था, बहुत तंग करता था। अब चखाता हूँ इसे भी ज़रा मज़ा। *(याद आते हुए)* हाँ तो भैया...

सिन्दकर : जो चाहिए होगा मुझे। वो आप से माँग लूँगा। छोड़िए अब। छोड़िए! वचन देता हूँ। छोड़िए।

[मुरारराव उठ खड़े होते हैं। सिन्दकर भी जैसे-तैसे उठकर खड़ा हो जाता है।]

मुरार : तू राजनीति में नहीं है। इसलिए थोड़ा-बहुत सच ज़रूर बोलता होगा। मानना पड़ेगा।

सिन्दकर : साला, अब हमारी गोलियाँ दीजिए और दरवाज़ा खोलिए!

मुरार : दोनों की व्यवस्था है चल!

[अन्दर जाने वाला दरवाज़ा खोलते हैं। सिन्दकर का हाथ पकड़कर उसे बाहर जाने वाले दरवाज़े की तरफ ले जाने लगते हैं। अँधेरा। प्रकाश। रात। अकेले मुरारराव सोफे पर ज़रा कठिनाई से सोये हुए हैं। ज़ोर-ज़ोर से खर्राटे भर रहे हैं। मंजुलाबाई आती हैं।]

मंजुला : यह क्या? यहीं सो गये? कब गया वो? और हॉल का दरवाज़ा किसने बन्द किया था? मैं तो डर गयी थी, आपको कहीं कुछ कर ही ना दे वो। उसका क्या भरोसा?

मुरार : *(उठकर खुशी से)* मंजुला जी, हमने ही उसे कुछ कर दिया। वचन ले लिया, वचन—ज़िन्दगी में जब भी उसे कुछ चाहिए होगा, वो हमसे ही माँगेगा। सिर्फ़ हमसे।

[पैर पसार कर फिर सोफे पर सोने की तैयारी करते हैं।]

मंजुला : यह क्या? बेड-रूम नहीं है सोने के लिए? मन्त्री बनो चाहे

मुख्यमन्त्री, पुरानी आदतें नहीं छूटेंगी मरी... *(मुरारराव को लेकर अन्दर चली जाती हैं।)*

[सफेद परदे पर प्रकाश। परदे पर टी.वी. अनाउन्सर– "यह थी कल के कार्यक्रमों की रूपरेखा। आज की सभा अब समाप्त होती है। कल शाम सात बजे तक के लिए आज्ञा दीजिए। नमस्कार।"

अनाउन्सर सस्मित नमस्कार करती है। उसके आँख मारने का आभास। सफेद परदे पर अँधेरा। रंगमंच पर भी परदा]

[पहला अंक समाप्त]

दूसरा अंक

[सफेद परदे पर प्रकाश। टी.वी. समाचार वक्ता और दृश्य।]

समाचार वक्ता : यह खबरें हम दूरदर्शन सेवा केन्द्र से प्रस्तुत कर रहे हैं। डिब्बेवालों की राष्ट्रीय परिषद् का आज शहर में बड़ी धूम-धाम के साथ उद्घाटन हुआ। खास तौर से बनाये गये शाही शामियाने में एक सोने का डिब्बा खोलकर, माननीय मुख्यमन्त्री ने इस परिषद् के उद्घाटन की घोषणा की। अध्यक्षपद से बोलते हुए सांस्कृतिक और मछली उद्योग मन्त्री श्री रावसाहब पन्हाले ने कहा... *(पार्श्वभूमि में प्रदर्शनकर्ताओं की घोषणाएँ और शोर)* "शहरी संस्कृति को डिब्बेवालों की संस्कृति कहते हैं। जिसके हाथ में पालने की डोरी है," यह मुहावरा अब बदल गया है। 'जिस के सिर पर डिब्बों का भार, वही करेगा राष्ट्रोद्धार' अब यह नया मुहावरा चल पड़ेगा। पालने की डोर पकड़ने वाली, अब बड़े-बड़े दफ्तरों में जा कर मोटी-मोटी फाइलों का उद्धार कर रही हैं। फिर भी हमारा देहाती डिब्बेवाला...शहरवासियों का अन्नदाता... वक़्त आने पर प्राणों पर खेल जायेगा पर अपने काम से पीछे नहीं हटेगा, ऐसी गवाही मैं देता हूँ। क्योंकि वह मर्द है...वह राष्टवादी है...*(तालियों की गड़गड़ाहट।)*

[फिर से समाचार वक्ता]

राष्ट्रीय युवा संघ की तरफ से आज एक विचित्र प्रकार का जुलूस निकाला गया। देश की विकट परिस्थितियों को ध्यान में रखते हुए अपनी सब माँगें पाँच साल तक तहकूब

रखी जायें, यह माँग जुलूस के नेताओं ने मुख्यमन्त्रीजी से मिलकर उनके सामने रखी। जुलूस के राष्ट्रीय उद्देश्य का स्वागत करते हुए माननीय मुख्यमन्त्री ने नेताओं के साथ अनेक विषयों पर खुले दिल से बातचीत की।

शहर के चौक में आज एक पागल से इनसान ने आत्मदहन करके थोड़ी देर के लिए वातावरण में तहलका मचा दिया। शायद वह इनसान सूखे के इलाके से आया था। 'मेरी शिकायतों पर पिछले तीन सालों से किसी ने ध्यान नहीं दिया, इसीलिए गरीबी से तंग आकर और निराश होकर मैं खुद को जला रहा हूँ।' ऐसी सूचना उस वक़्त कुछ आदमियों ने पर्चियाँ बाँटकर दी। बताया जाता है कि पर्चियाँ बाँटने वाले उस मृतक के लड़के ही थे। पुलिस ने उन आदमियों को आम जगह पर गड़बड़ी मचाने के आरोप में गिरफ्तार कर लिया है। पुलिस का बयान यही है।

विधान परिषद् में सत्ताईस तारीख के गोली-काण्ड की चर्चा आगे जारी रही। इस मामले की जाँच न्यायानुरूप हो, ऐसी नयी माँग सरकार ने रद्द कर दी। गोली-काण्ड पूर्णरूप से शान्तिमय और अनुशासनबद्ध था, इस बात की पुष्टि करते हुए माननीय मुख्यमन्त्री ने कहा कि परायी ताकत के बल पर इस राज्य में अराजकता फैलाने वाले उद्दण्ड लोगों के प्रयत्न मैं कभी सफल नहीं होने दूँगा, और ना ही त्यागपत्र दूँगा, विरोधी दल के लोगों ने कल की तरह ही शेम-शेम चिल्लाते हुए सभा त्याग दी। बताया जाता है कि इसके बाद सभा का काम-काज ठीक से चलता रहा। गोली-काण्ड के मृतकों की संख्या अब सात हो गयी है।

सफाई कर्मचारियों की हड़ताल का आज सड़सठवाँ और समझौते की बातचीत का छियासठवाँ दिन है। आज भी दोनों पक्षों में बातचीत चलती रही। माननीय मुख्यमन्त्री ने संवाददाताओं से कहा, 'हम अभी भी आशावादी हैं।' 'मुख्यमन्त्री समय बरबाद करके हड़ताल की सफलता

को जानबूझ कर असम्भव बना रहे हैं, 'हड़ताल फिर भी ज़ोर-शोर से जारी रहेगी', ऐसा हड़ताल कर्मचारियों ने संवाददाताओं को बताया। आज मुख्यमन्त्री की पत्नी श्रीमती मंजुलादेवी ने शहर-सफाई अभियान के महिला संघ में दस मिनट भाग लेकर सफाई करने वाली महिला स्वयंसेविकाओं से पूछ-ताछ की। लायसेन्स के मामले को लेकर आज विधानसभा फिर से गूँज उठी। विरोधी दल द्वारा उपस्थित किया गया नया मुद्दा न मानते हुए माननीय सभापति ने कहा कि 'इसमें कुछ टैकनिक्ल कठिनाइयाँ होने के कारण यह नहीं माना जायेगा।' बाद में दिये हुए जोशीले भाषण में अपने विरोधियों पर चारों ओर से चढ़ाई करते हुए मुख्यमन्त्री ने उनके सभी आरोप झूठे होने का दावा किया। "चरित्रहनन के ऐसे हीन प्रयत्नों पर बलि होकर कभी भी मैं त्यागपत्र नहीं दूँगा।" यह बात उन्होंने फिर एक बार गरज कर कही। सत्तारूढ़ पक्ष ने इस घोषणा का स्वागत बड़े ज़ोर-शोर से किया। इस पर विरोधी पक्ष ने सभा का त्याग कर दिया।

लायसेन्स के मामले में आज पुलिस ने शहर के प्रमुख व्यापारी और अन्ध सेवा समिति के अध्यक्ष श्रीयुत नानालाल जमनादास को गिरफ्तार कर लिया और बाद में उन्हें जमानत पर छोड़ दिया गया। लायसेन्स के मामले में पकड़े गये व्यापारियों की संख्या अब आठ हो गयी है।

शहर के संवाददाताओं द्वारा आयोजित एक चाय पार्टी में मुख्यमन्त्री ने लायसेन्स के मामले को ज़ड़ से उखाड़ फेंकने का आश्वासन दिया। देश में बढ़ते हुए भ्रष्टाचार के बारे में उन्होंने चिन्ता व्यक्त की। बाहर एकत्रित प्रदर्शनकारियों पर उस समय थोड़ी लाठी चलानी पड़ी। इस लाठी काण्ड में लगभग पैंतीस लोगों के जख्मी होने का समाचार मिला है। इसके बाद महिला प्रदर्शनकारियों ने मुख्यमन्त्री को करीब डेढ़ घण्टे तक घेराव में रखा।

[सफेद परदे पर अँधेरा। रंगमंच पर प्रकाश। मुख्यमन्त्री के नये बँगले का सेट। रंगमंच पर मुरारराव टेलीफ़ोन पर गरम। एक तरफ देसाई खड़ा है।]

मुरार : *(रिसीवर में गुस्से से)* कुछ नहीं सुनूँगा। मुझे समझाने की ज़रूरत नहीं है सेठजी! सम्पादकीय का रुख सीधा है। कौन-सा? यह मुझसे क्यों पूछ रहे हैं? मैं करप्ट हूँ। यही और कौन-सा? आपका सम्पादक मुझे करप्ट कहता है। नहीं कैसे? यही कहना उसका मकसद है। मैं आपका काम करके करप्शन का एक नया आरोप क्यों लूँ? मैं कुछ नहीं कर सकता। वेरी सॉरी। सम्पादक के विरुद्ध? मैं कौन हूँ कहने वाला? आपका सम्पादक है वो। आप चाहें तो उसे रखें या फिर निकाल दें। मैंने भी अब कुछ मामलों में सख्ती बरतने की सोची है। *(थोड़ी देर सुनते रहते हैं)* आपका प्रश्न है, मैं कुछ नहीं कहूँगा। प्रोसीड तो होइये, देखते हैं। हाँ; लेटर दीजिए, तफर मिलिए। ठीक है, मिलिए। देख लिया जायेगा। *(रिसीवर रखकर देसाई से)* ज़रा कड़ुवा घूँट पिलाया है तभी आया है ठिकाने? सम्पादक को पत्र दे रहा है, नौकरी से छुट्टी करवायेगा उसकी। वैसे मैंने कुछ नहीं कहा उससे। मैं कौन होता हूँ कहने वाला?

देसाई : टैक्स के मामले में आपके बिना पार लगना मुश्किल है, यह बात उसकी समझ में आ गयी होगी। आखिर है तो बनिया ना। अपना मतलब अच्छी तरह समझता है।

मुरार : चालाकी में तो मैं उसका बाप हूँ। सीधों से बेशक हम सीधे रहते हैं, लेकिन हमें कोई बुरा समझे तो...

देसाई : ठीक है साब, बिल्कुल ठीक है।

मुरार : इस फटीचर सम्पादक को मैंने ही फॉरन भिजवाया था शिष्टमण्डल में। दो कमेटियों पर भी लिया था। इसके अलावा इसकी लड़की की शादी में खुद शरीक हो कर सौ रुपये का तोहफा दिया था। आदमी तो दो कौड़ी का भी नहीं है। चोर कहीं का! सोचा, गरीब है, जाने दो। इतने पर भी मैं ही करप्ट? कहता है सारे नियमों को

तोड़कर यह लायसेन्स कैसे दिये? मक्खन भी लगाता है, कहता है, "मुख्यमन्त्री के स्वच्छ चरित्र से हम पूरी तरह आश्वस्त हैं।"

देसाई : पर साब, वो अकेला नहीं है। उसकी क्या बिसात जो इतना सब कह दे? उसके पीछे कौन-कौन किस-किस उद्देश्य से है, सुना ही होगा आपने?

मुरार : हाँ, जानता हूँ मैं। वो रावसाहब...*(याद आने पर अत्यधिक रोषपूर्ण चेहरा।)*

देसाई : और वो टी.टी....

मुरार : टी.टी. का तो दिमाग खराब हो गया है आजकल...

देसाई : साब, और भी एक है उनके साथ।

मुरार : कौन?

देसाई : अब क्या बताऊँ साब, बेकार चुगलखोरी का इल्ज़ाम लगेगा।

मुरार : नहीं लगेगा। कौन है वो?

देसाई : सदावर्ते।

मुरार : कौन सदावर्ते?

देसाई : अपने सचिवालय का।

मुरार : परिचय विभाग का डायरेक्टर? वो?

देसाई : वही।

मुरार : उसका क्या ताल्लुक है?

देसाई : उस सम्पादक के साथ उसके घनिष्ठ सम्बन्ध हैं।

मुरार : अच्छा!

देसाई : सदावर्ते की कविताएँ उस दैनिक के रविवारीय परिशिष्ट में हमेशा छपती हैं। पिछले महीने कई बार वो सम्पादक और यह सदावर्ते, उस ब्लू-मून बार में रात को इकट्ठे बैठकर पीते भी दिखाई दिये थे। भगवान जाने पीते-पीते क्या बातें की होंगी! इतनी रद्दी कविताएँ वो सम्पादक यूँ ही थोड़ी छाप देगा? वो भी बार-बार। बदले में कुछ तो...

मुरार : सच कह रहा है।

देसाई : कोई ना कोई भेद की बात ज़रूर बतायी होगी उस

सदावर्ते ने...यूँ ही थोड़े सम्पादकीय लिखने की हिम्मत पड़ी होगी उस फटीचर सम्पादक की?

मुरार : *(ज़रा विचारमग्न। फिर एकदम फ़ोन उठाकर)* कौन? मोगरे? ज़रा परिचय विभाग के प्रमुख सदावर्ते से मिलाइये। ऑफिस में नहीं हैं? घर पर मिलाइये। घर पर। *(ठहर कर)* घर पर भी नहीं है? कहाँ है, पता लगाकर मुझे रिंग करने के लिए कहिए उसे। जल्दी। *(रिसीवर रखकर)* अभी छुट्टी कर देता हूँ।

देसाई : ऐसा मत कीजिए साब...बेचारा बाल-बच्चों वाला है...

मुरार : घर के भेदी के लिए कोई क्षमा नहीं, देसाई। हमारा ही अन्न खाकर, हम से ही बेईमानी? *(रिसीवर फिर से उठाकर)* मोगरे, सदावर्ते जहाँ कहीं भी हो वहीं उसे सस्पैंशन ऑर्डर दे दिये जायें।

मोगरे : *(लाइन पर)* पर साहब...

मुरार : दीज़ आर माय ऑर्डर्स।

मोगरे : *(लाइन पर)* पर सरकारी नौकरी में किसी पर कुछ आरोप लगे बिना...

मुरार : आरोप गये जहन्नुम में। सदावर्ते को अभी से सस्पैण्ड समझो, बल्कि इसी मिनट से।

मोगरे : *(ज़रा रुककर)* अच्छा साहब, भेज देता हूँ ऑर्डर्स।

देसाई : *(मुरारराव रिसीवर रखते हैं। उसी समय)* उसकी जगह किसी और को सौंपने की भी तो व्यवस्था करनी पड़ेगी साब! कुछ भी हो काम में रुकावट नहीं पड़नी चाहिए। आजकल दिन ऐसे हैं...विरोधी दल वालों ने तो वैसे ही शोर मचा रखा है...

मुरार : उसकी जगह भरने के लिए कोई है तुम्हारी नज़र में?

देसाई : एकदम बताना तो ज़रा मुश्किल है साब...लेकिन अगर आप कहें तो हो जायेगा कोई एक।

मुरार : नियुक्त कर दीजिए उसे।

देसाई : लेकिन...वो इस विभाग का नहीं है...

मुरार : यह हमारे ऑर्डर हैं। अर्ज़ी दे दीजिए, एपॉइण्टिड लिखकर, साइन कर देता हूँ। घर के भेदी को निकाल ही देना चाहिए।

देसाई : बहुत अच्छा साब! आपकी दूरदर्शिता के क्या कहने!... एक पंथ दो काज!

मुरार : इतना कुछ करने पर भी, हम पर कुछ ना करने के इल्ज़ाम लगाये जाते हैं।

देसाई : राजनीति है साब! लोग जलते हैं। आपकी उन्नति चुभती है उन्हें।

मुरार : मैं अपने काम के बल पर बना हूँ, देसाई! आय एम ए सेल्फ मेड मैन! किसी से कुछ लिया-दिया नहीं मैंने।

देसाई : यही बात है। तभी तो कुछ लोगों को आप ज़्यादा ही खटकते हैं। उस पर आपकी जात...

मुरार : वो मुझे भी चुभती है कभी-कभी। पर मेरा इस जात में पैदा होना, मेरे हाथ में तो नहीं है?

देसाई : सही है...

मुरार : लेकिन मेरी पत्नी तो ऊँची जात की है ना?

देसाई : इसीलिए तो आप और भी ज़्यादा चुभते हैं लोगों को। भाभी साहिबा की जात, उनका रूप...इस उम्र में भी कैसी—*(मंजुलाबाई बाहर से बाती है। साथ में एक सिपाही। उसके पास शॉपिंग के बहुत से पैकेट्स।)*

मंजुला : जाकर अन्दर रख दे। *(सिपाही पैकट्स लेकर अन्दर चला जाता है। मंजुलाबाई बैठते हुए)* थक गयी बाबा। महिला सभा से शहर-सफाई, वहाँ से क्लब, फिर वहाँ से परली तरफ की झोंपड़ियों के लोगों से बातचीत...वहाँ की औरतों ने तो तंग ही कर दिया। गाड़ी छोड़ने का ही इरादा नहीं था उनका। कुछ तो आकर सामने लेट गयीं।

मुरार : घेराव डाला?

मंजुला : आपका नाम लेने के लिए हठ करके बैठ गयीं। *(शरमा जाती हैं।)*

देसाई : *(उत्सुकता से)* फिर?

मंजुला : आपको मतलब?

देसाई : नहीं, नहीं, ये बात नहीं...

मंजुला : *(मुरारराव को)* वहाँ से आते हुए मार्किटिंग भी करती

आयी। परदों के कपड़े एकदम टॉप मिले और कार्पेट्स तो वण्डरफुल हैं। ये उठवाकर नये बिछवायेंगे कल। फर्नीचर बहुत सुपर्ब था...मैंने तो झट से ऑर्डर दे दिया!

मुरार : वैसे ज़रूरत तो नहीं थी...जो है वो क्या बुरा है। नया ही तो है...

मंजुला : आप अपना दर्शन अपने तक ही रखिए, 'सादा जीवन उच्च विचार'। मुझसे नहीं होगा। कितने लोग आते हैं यहाँ। फॉरेनर्स भी आयेंगे। अपने देश की इमेज भी तो रहनी चाहिए दुनिया में। हमारा बंगला देखकर वो लोग क्या सोचेंगे? फिर प्रधानमन्त्री भी तो आ रहे हैं परसों...

मुरार : खूब याद दिलाई। देसाई, आई.जी.पी. बसाले का फोन मिलाना ज़रा...प्रधानमन्त्री की परसों मीटिंग के बारे में कहना है कुछ...

मंजुला : उन झोंपड़ियों के सुधार कार्यक्रम के लिए शुरू में कम से कम चार-एक लाख रुपये तो चाहिए होंगे हमें। सुना ना आपने? मैंने कमेटी में बता भी दिया है...

मुरार : क्या?

मंजुला : किसी भी तरह से दिलवा दूँगी।

मुरार : ज़रूरी कामों तक के लिए यहाँ पैसा नहीं है...

मंजुला : वो सब आप जानिए। मैंने तो कह दिया है!

मुरार : अरे लेकिन, ये क्या अपने घर के पैसे हैं!

मंजुला : झोंपड़ियों का सुधार मेरे घर का काम तो नहीं है। इतने सुन्दर शहर पर वो एक कलंक है। फॉरेनर्स जब यहाँ आते होंगे, तो क्या सोचते होंगे? देश की इज्जत तो हमेशा ही महत्त्वपूर्ण होती है। मैं कुछ नहीं जानती, कुछ भी कीजिए, पैसे दिलवा दीजिए। मैं वचन दे चुकी हूँ। चार लाख से कम नहीं लूँगी। बाद में उद्योगपतियों और व्यापारियों से और भी ले लूँगी। इधर-उधर से जमा किये हुए चार पैसों पर वह लेडी रामराव कमेटी में अपनी शान बघारती फिरती है—और मैं मुख्यमन्त्री की पत्नी होते हुए किसी से पीछे क्यों रहूँ?

देसाई : *(फोन मिलाकर)* साब, आई.जी.पी.—

मुरार : *(रिसीवर में)* कौन? बसाले! आज आपकी वजह से डेढ़ घण्टे तक घेराव में फँसे रहे हम। महिला प्रदर्शनकारियों को हटाने के लिए महिला पुलिस ही नहीं थी वहाँ। कारण नहीं पूछ रहा हूँ मैं। अच्छा प्रधानमन्त्री की पब्लिक मीटिंग की क्या व्यवस्था कर रहे हैं? मीटिंग है, ये तो याद है ना? पर व्यवस्था क्या कर रहे हैं? कितनी? चार रिजर्व बटैलियन्स? और सादे कपड़े वाले? ज़्यादा रिखए। कुछ ज़्यादा तैनात कीजिए। सभा-स्थल पर सिटी की चार बटैलियन्स काफी हैं। शहर में जितनी हो सके उतनी अधिक रखिए। साथ में कितने देने वाले हैं। फ़िजा ज़रा गड़बड़ है। गफलत से काम नहीं चलेगा। मेरी नाक कट जायेगी। और देखिए हमारी घोषणाएँ ज़ोर-शोर से घोषित होती रहें, इस काम के लिए बहुत लोगों की ज़रूरत पड़ेगी। विरोधियों के भी प्रदर्शन हैं। हमारी आवाज़ें उनसे ऊपर ना उठीं तो बाद में पी.एम. हमारी बिन पानी की कर देंगे। नहीं, दल पर निर्भर नहीं रहना है। उसकी व्यवस्था अलग से की जायेगी। आपको जो काम बताये गये हैं, उनसे मतलब रखिए बसाले! दूसरों के मामलों में पड़ना ठीक नहीं! शहर के चौक में प्रदर्शन करने वालों की खिचड़ी बड़े ज़ोरों-शोरों से पक रही है। उस जले हुए आदमी की राख पी.एम. को नज़र करने का इरादा है उनका। हमारे आदमी ज़ोरदार होने चाहिए। समय आने पर लड़ने की तैयारी भी रखनी होगी। किसी भी हालत में पी.एम. तक राख नहीं पहुँचनी चाहिए। प्रधानमन्त्री की कार चौक में रुकनी ही नहीं चाहिए। और वो ज़िम्मेदारी आपकी है। गाड़ी के नीचे एकाध मर भी गया तो उसे बाद में देख लेंगे। पुलिस की लिस्ट के लोग पकड़कर ले आइये। ज़रूरत पड़े तो दस-दस रुपये दीजिए उन्हें। ज़रा-सी भी गफलत नहीं होनी चाहिए। उस दिन का पूरा कार्यक्रम ठीक से समझ लीजिए। देसाई मिलेंगे ही आप से। उनसे सलाह-मशवरा करके सब कछ तय कर लीजिए। *(रिसीवर रख देते हैं।)*

मंजुला : फिर कितने लाख देंगे? झोंपड़ियों के सुधार...

मुरार : *(ज़रा चिढ़ कर)* ओ मेरी माँ, मेरे सामने इससे भी बड़े सवाल हैं। *(देसाई की उपस्थिति से संकोच कर)* अब कैसे समझाऊँ आपको। अच्छा देखूँगा। लेकिन झोंपड़ी का सुधार माने क्या? आप करने क्या जा रही हैं?

मंजुला : पूरी झोंपड़पट्टी के चारों ओर यूकेलिप्टस की घनी झाड़ी लगायी जायेगी। झोंपड़ियों पर सुन्दर-सुन्दर चित्र बनवाये जायेंगे। झोंपड़पट्टी के बच्चों और औरतों को अच्छे-अच्छे कपड़े बाँटे जायेंगे। यूकेलिप्टस की झाड़ी से अन्दर की झोंपड़ियाँ नज़र नहीं आयेंगी। और वहाँ की बदबू भी यूकेलिप्टस की सुगन्ध से दब जायेगी। इतने पर भी अगर किसी का ध्यान उस तरफ गया, तो सुन्दर-सुन्दर चित्रों से झोंपड़ियाँ अच्छी दिखायी देंगी। बच्चे और औरतें अच्छे-अच्छे कपड़े पहने हुए दिखायी देंगे।

देसाई : वाः; वाः! याने सबकुछ एकदम बदल जायेगा, यूँ कहिए ना।

मंजुला : आपसे पूछा नहीं था, देसाई।

[फ़ोन बजने लगता है।]

देसाई : *(फ़ोन उठाकर)* यैस—

मोगरे : *(लाइन पर)* मैं, मोगरे, साहब को दीजिए ज़रा।

देसाई : क्या बात है, मुझसे कहिए।

मोगरे : *(लाइन पर)* साहब हैं ना वहाँ?

देसाई : *(नाराज़गी से रिसीवर मुरारराव को देते हुए)* यह मोगरे, कभी-कभी बहुत नखरे दिखाता है, साब!

मुरार : *(रिसीवर में)* हाँ। कौन? सदावर्ते? कौन सदावर्ते?

देसाई : वही साब, परिचय विभाग का प्रमुख। आपने जिसको सस्पैण्ड किया है।

मुरार : *(स्वर में कुछ सख़्ती)* हाँ। बोलिए...बोल रहा हूँ। *(गुस्सा होकर)* कितनी बार पूछेंगे? हाँ, आपको सस्पैण्ड कर दिया गया है। जो कुछ भी कहना हो लिखकर दीजिए। चार्जशीट बाद में दे दी जायेगी। दोष? और वो भी मुझी से पूछ रहे हैं? यू—आर—सस्पैण्डिड। ख़त्म। नहीं,

मिलने से कोई फायदा नहीं। कल सुबह किसी को चार्ज दे दीजिए। और फिर कभी अपना चौखटा सचिवालय में नहीं दिखाइए। माइंड यू। कविता कीजिए कविता। *(रिसीवर रखकर)* नॉन्सेंस! पूछ रहा था! अपराध क्या है? इतनी हिम्मत!

[यह सब कुछ सुनकर देसाई खुश है। मंजुलाबाई अन्दर चली जाती हैं।]

देसाई : *(जहाँ मंजुलाबाई बैठी थीं वहाँ का एक अख़बार उठाकर उसे कैज्युअली देखते हुए, अनजाने में एकदम)* बाप रे!

मुरार : क्या हुआ?

देसाई : नहीं, कुछ नहीं। ये—अख़बार वाले—

मुरार : अब और क्या हुआ? कौन-सा अख़बार है यह? गिरिराज! और क्या कीचड़ उछाली है उसने?

[अपसेट हो जाते हैं]

मंजुला : *(अख़बार खोजती हुई अन्दर से आती है)* भूल ही गयी थी मैं तो। आते समय जान बूझकर लायी थी—

मुरार : लाओगी ही। मेरे विरुद्ध कीचड़ जो उछाला जाता है उसमें!

देसाई : भाभी साहिबा के कहने का मतलब यह नहीं था—

मुरार : तू उसकी तरफदारी मत कर। क्या लिखा है उस अख़बार में?

देसाई : कुछ नहीं, गन्दा-सा एक कार्टून है—

मंजुला : *(बेतहाशा हँसने लगती है, फिर एकदम रुककर गम्भीर चेहरे से)* कुछ नहीं। हँसी आ गयी थी।

मुरार : समझ गया। मेरा कार्टून होगा। *(देसाई)* लिखा क्या है पढ़ो तो सही?

देसाई : *(बड़ी मुश्किल से सभ्य शब्दों में बताने का प्रयत्न करते हुए)* यही है सत्तारूपी मक्खन का भूखा—मोटा बिल्ला! —यही है पा—*(अड़ जाता है।)* कुछ नहीं। हमेशा की तरह। और आता ही क्या है उसे, साब। उसका लेवल ही यही है।

मंजुला : मेरा तो अब इन बातों से मनोरंजन होने लगा है। रोज़

का रोना कौन रोये? लेकिन दिमाग कमाल का पाया है उसने। हर लेख में इतने नये-नये शब्द सूझते कैसे हैं उसे?

मुरार : *(गुस्से से)* मेरा बस चले तो उसे ज़िन्दा ना छोड़ूँ–देश निकाला दे दूँ–

देसाई : *(अख़बार अच्छी तरह से तह लगाकर जेब में रखते हुए)* लेकिन साब को इनके पीछे पड़े रहने का टाइम कहाँ है? हाथी चले अपनी चाल–

मुरार : *(देसाई की जेब में रखे अख़बार को देखते हुए)* वो अख़बार पढ़ने के लिए तुझे टाइम है देसाई?

देसाई : *(अख़बार जल्दी से निकालकर सोफे पर फेंकते हुए)* ना-ना साब...जब फेंक ही देना है तो घर जा कर कचरे की टोकरी में फेंक देता...उसमें पढ़ने लायक है क्या? झूठ-मूठ के आरोप...जिनका न कोई तुक है...बकवास...ट्रैश...

मुरार : हिम्मत हो तो आरोप लगा के देखें...जेल में ना डलवा दूँ?

देसाई : इतनी हिम्मत होती तो लँगोटियाँ उतारने का ही काम क्यों करता? *(मंजुलाबाई से)* माफ कीजिए भाभी साहिबा...

मंजुला : *(सोफे पर पड़ा अख़बार हाथ में ले कर उसे देखने में मस्त। एकदम ऊपर देखकर)* क्या हुआ?

देसाई : ज़रा अश्लील भाषा यूज़ कर बैठा–

मंजुला : कौन-सी?

देसाई : यही–वो–लँगोटी–

मंजुला : इसमें अश्लील क्या है? मेरे कहने का मतलब *(अख़बार की ओर इशारा करते हुए)* यह सब पढ़-पढ़ कर आजकल मुझे कुछ महसूस ही नहीं होता...

मुरार : अन्दर जाकर ज़रा चाय भिजवायेंगी? *(मंजुलाबाई हाँ कहती हुई अन्दर चली जाती हैं। उठते हुए अख़बार उठाने के इरादे से अख़बार की तरफ एक बार देखती हैं, लेकिन फिर अख़बार बिना उठाये अन्दर चली जाती हैं। मुरारराव देसाई से)* तू ज़रा आई.जी.पी. बसाले की तरफ जाकर परसों की आम सभा का बन्दोबस्त देख आ...

देसाई : *(उठते हुए)* बहुत अच्छा...

(सोफे पर पड़े अख़बार की तरफ एक क्षण देखता रहता है। फिर चलते हुए) गाड़ी लेकर जाता हूँ...

[देसाई जा चुका है। अब मुरारराव अकेले हैं। सोफे पर पड़े अख़बार की ओर खिंचते हैं; उसे उठा लेते हैं। जल्दी से अख़बार एक नज़र देखकर, फिर ठीक से पढ़ने लगते हैं। चेहरे पर अनुरूप भाव आते हैं। बीच में मुट्ठियाँ भिंच जाती हैं। सर पर पसीना आ जाता है। टेलीफ़ोन बजने लगता है। मुरारराव एकदम घबराकर अख़बार अपने पीछे छिपाते हैं। फिर वहीं रखकर टेलीफ़ोन उठाते हैं।]

मोगरे : *(लाइन पर)* हैलो, साहब...

मुरार : हाँ हैलो। *(गला साफ करते हैं।)*

मोगरे : रावसाहब मिलना चाहते हैं।

मुरार : *(गुस्सा से)* वो...

मोगरे : *(लाइन पर)* आने के लिए कह दूँ उनसे साहब?

मुरार : *(गुस्से पर काबू पाते हुए)*, हाँ, और कर भी क्या सकते हैं। *(रिसीवर रख देते हैं। फ़ोन फिर बजने लगता है। रिसीवर उठाकर)* अब और क्या है?

मोगरे : *(लाइन पर)* टी.टी. आये हैं।

मुरार : रुकने के लिए कहिए उनसे। मैं ज़रा काम कर रहा हूँ।

[रिसीवर रख देते हैं। फिर से अख़बार की तरफ बढ़ते हैं। उसे फाड़ने लगते हैं। लेकिन फाड़ने की बजाय उसे फिर वहीं कहीं छिपा देते हैं। नौकर चाय लेकर आता है। मुरारराव गुस्से के ही मूड में बैठे-बैठे चाय पीने लगते हैं। नौकर अन्दर चला जाता है। अन्दर से सुदाम आता है।]

सुदाम : नमस्कार साहब!

मुरार : *(उसे देखते हुए)* आँ...उधर से कैसे आया?

सुदाम : यूँ ही, किसी खास वजह से नहीं। गाड़ी उधर के दरवाज़े की तरफ पार्क की थी, इसीलिए उसी दरवाज़े से चला आया। रास्ते में भाभी मिल गयीं, रुककर दो चार बातें उनसे भी कर लीं...

मुरार : कैसी बातें?

सुदाम : यही आम बातें—फर्नीचर, परदे...

मुरार : अच्छा! *(चाय पीते हैं। मूड डार्क है।)* चाय लोगे?

सुदाम : पी के चला था। और एक जगह चाय पीने जाना भी है। घेराव में कोई विशेष तकलीफ तो नहीं हुई?

मुरार : हुई भी होगी तो सहन करनी पड़ेगी। तेरे आने की कोई खास वजह? सुबह विधानसभा में तो इकट्ठे थे हम...

सुदाम : जी हाँ। सच पूछा जाय—तो वैसे वजह खास कुछ नहीं...

मुरार : लेकिन कुछ तो ज़रूर होगी?

सुदाम : हाँ, थोड़ी सलाह लेनी थी।

मुरार : मुझसे?

सुदाम : जी हाँ, क्यों?

मुरार : कुछ नहीं।

सुदाम : *(ज़रा अस्वस्थ होते हुए)* ऐसा क्यों पूछा आपने साहब? ज़रूरत पड़ने पर मैं हमेशा आपसे ही सलाह लेता आया हूँ...पिता की तरह माना है आपको...

मुरार : हाँ, हाँ। पूछ जो पूछना है।

सुदाम : *(आँख ना मिलाते हुए)* मतलब साहब...शायद आजकल ...*(लड़खड़ाते हुए)* मेरा फ़ोन टैप किया जा रहा है...

मुरार : अच्छा!

सुदाम : सोचता हूँ, अगर सचमुच ऐसा है तो यह बड़ी अजीब बात है। वैसे...यह कोई मामूली बात नहीं...मतलब साहब, मैं एक फुलफ्लैज्ड मन्त्री हूँ...दल की कार्यकारिणी का मैम्बर हूँ...और एक निष्ठावान कार्यकर्ता हूँ—लोक प्रतिनिधि हूँ—ऐसा तो अंग्रेजों के राज्य में भी नहीं हुआ...

मुरार : अंग्रेजों के जमाने में तू तीन-एक साल का होगा...

सुदाम : मेरे कहने का मतलब यह नहीं है...अपने बारे में नहीं कह रहा हूँ मैं। वैसे ही जनरल बात कर रहा था। एक मन्त्री का फ़ोन टैप होने का मकसद...

मुरार : अच्छी बात नहीं है यह।

सुदाम : तब भी वह हो रही है...*(लड़खड़ाते हुए)* और आप...आप जानते ही होंगे इसके बारे में...

मुरार : ऐसा क्यों सोचता है तू?

सुदाम : अगर ना भी पता हो तो मुझे करैक्ट कर सकते हैं लेकिन गृह-मन्त्रालय तो आप के ही हाथों में है...

मुरार : मुझे कोई जानकारी नहीं है!

सुदाम : आप कह रहे हैं इसलिए मान लेता हूँ...

मुरार : मान लेता हूँ याने? मानना ही पड़ेगा। झूठ क्यों बोलूँगा मैं? मैं झूठ बोल रहा हूँ ऐसा सोचते हो तुम, सुदाम?

सुदाम : ना...ना...बिल्कुल नहीं...

मुरार : अगर सोचते हो तो सीधा आरोप लगाओ।

सुदाम : नहीं...यह मकसद नहीं था मेरा...

मुरार : तेरे फ़ोन के बारे में पूछताछ कर लूँगा मैं। और कुछ?

सुदाम : और...नहीं, कुछ नहीं...

मुरार : मतलब सिर्फ़ इसलिए आया था तू?

सुदाम : यूँ ही चला आया था...

मुरार : यूँ ही आया था! तो बैठ ना।

सुदाम : जाना है ज़रा...चाय पार्टी में...

मुरार : अच्छा तो जा।

सुदाम : *(अस्वस्थता)* वैसे अभी थोड़ा समय है...

मुरार : जो करना है, उसे एक बार सोच ले सुदाम। बैठूँ कि जाऊँ—यह रवैया ठीक नहीं। *(टेलीफ़ोन बजता है। रिसीवर उठाकर)* रावसाहब आ गये?

मोगरे : *(लाइन पर)* चल पड़े हैं साहब। लेकिन टी.टी....

मुरार : बिठाये रखो उन्हें *(रिसीवर रख देते हैं। पानदान लेकर बैठते हैं। पान बनाने लगते हैं।)* पान खाओगो, सुदाम?

सुदाम : *(अभी भी अस्वस्थ है।)* ना।

मुरार : तुम सोचते हो कि मैं तुम्हारा फ़ोन टैप करवाता हूँ?

सुदाम : *(सीधे प्रश्न से हड़बड़ाकर)* अँ? नहीं, नहीं साहब... नहीं—बिल्कुल नहीं—

मुरार : तुम्हारे विश्वास का सबूत क्या है?

सुदाम : विश्वास—मतलब...?

मुरार : पक्का विश्वास भी नहीं है?

सुदाम : *(ज़ुबान लड़खड़ाते हुए)* सच पूछा जाय तो...फ़ोन टैप

होता है यह सच है—इस बारे में मेरी जानकारी पक्की है।

मुरार : और फ़ोन टैप मेरे हुक्म से होता होगा—(*सुदाम कुछ बोलना चाहता है। लेकिन चुप रहता है।*) बोल ला। तू सोचता है मैंने ही तेरा फ़ोन टैप करवाने का बन्दोबस्त किया है? यही सब जायज़ा लेने आया है क्या तू?

[सुदाम चुलबुलाते हुए खड़ा रहता है।]

मुरार : एक साथ काम करने वालों के लिए एक-दूसरे पर शकशुबह करना ठीक नहीं है, सुदाम।

सुदाम : (*चिढ़कर*) मैं भी यही कह रहा हूँ—

मुरार : तब भी तूने मेरे बारे में इस तरह सोचा, जो तेरे पिता के समान है?

सुदाम : मैं भी क्या करता! वजह ही कुछ ऐसी थी—

मुरार : यह सही है सुदाम! तेरा फ़ोन टैप होता है। मेरे ही दिये हुए ऑर्डर्स हैं।

सुदाम : लेकिन क्यों?

मुरार : मन्त्रिमण्डल के हर मन्त्री का फ़ोन टैप किया जाय, यह मेरे ही ऑर्डर्स हैं।

सुदाम : मेरा भी? जिसकी आप पर इतनी निष्ठा है...

मुरार : निष्ठा की कीमत भी तुम्हें मिल गयी! उपमन्त्री से फुलफ्लैज्ड मन्त्री बना दिया है तुझे मैंने। पहले के मुख्यमन्त्री से की गयी बेईमानी का इनाम।

सुदाम : बेईमानी तो सभी ने की?

मुरार : मना कौन करता है? इसीलिए सभी के फ़ोन टैप करने के भी मेरे ऑर्डर्स हैं। जो एक बार बेईमान हो सकता है वह दोबारा भी हो सकता है, सुदाम!

सुदाम : (*संकोच से*) यह बात आप पर भी लागू हो सकती है...बेअदबी के लिए माफ कीजिए—

मुरार : अभी पाइंट यह नहीं है, क्योंकि मैं मुख्यमन्त्री हूँ। कल मुझे मात देकर तू मुख्यमन्त्री बन जायेगा तो मेरे लिए भी बेईमानी का कोई सवाल नहीं रह जायेगा। लेकिन तब तक तो मुझे तुझ पर नज़र रखनी ही पड़ेगी।

सुदाम : इसका मतलब, मुझ पर आपको भरोसा नहीं रहा?

मुरार : असल में मुझे तुम पर भरोसा कभी था ही नहीं। सौदेबाजी में सौ फीसदी भरोसा करके चलना मुझे मेरे फेरी के धन्धे ने सिखाया ही नहीं। फिर भी औरों की बजाय तुझ पर मैं ज़्यादा भरोसा करता था, क्योंकि कुछ समय तक तुझे मेरे सहारे की ज़रूरत थी, लेकिन अब जिसकी ज़रूरत ख़त्म हो चुकी है।

सुदाम : साहब... *(बहुत ज़्यादा भावना से भर कर चुप हो जाता है।)*

मुरार : अगर ऐसा न होता तो रावसाहब की अभिनन्दन सभा में तू इतने उत्साह से शामिल न होता। रावसाहब की सिद्धान्तप्रियता और सेवा-भाव की इतनी मुँह भर-भरकर तारीफ भी न करता—

सुदाम : लेकिन...वो एक शिष्टाचार की बात थी...

मुरार : वही तो। मुझसे पूछे बिना अब तुझे यह सब सूझने लगा है।

सुदाम : साहब, आप तो जानते हैं कि राजनीतिक मामलों में रावसाहब और मेरी कभी बनने वाली नहीं है—उनके बारे में मेरी सही राय भी आप जानते हैं...

मुरार : मेरे बारे में भी शायद तेरी सही राय वे जानते हों। लेकिन वह सब मैं कहाँ जानता हूँ? वही जानने के लिए ही तो फ़ोन टैप करने की ज़रूरत पड़ी।

सुदाम : *(दोबारा उठते हुए)* चलता हूँ मैं...देर हो जायेगी...

[रावसाहब आते हैं। हाथ में चाँदी की मूँठ वाली छड़ी।]

रावसाहब : *(झुककर)* रामराम, रामराम मुरारराव! कैसे हो सुदाम जी?

मुरार : *(सुदाम को एक तरफ ले जाकर धीरे से)* इसके बारे में हम बाद में बात करेंगे। अभी कुछ मत बोल। अपनी पॉलिसी की तरह। समझे?

[सुदाम ना समझकर भी यह सब कुछ सुन लेता है।]

अच्छा! अब तू जा सुदाम।

[रावसाहब ध्यान से देख रहे हैं। सुदाम चला जाता है।]

रावसाहब : आज विरोधी दल को दरवाज़े पर बिठा रखा है, मुरारराव!

मुरार : जिसकी जो सही जगह है वह उसे कभी न कभी दिखानी ही पड़ती है। आज इधर कैसे चले आये?

[मंजुलाबाई बाहर आयी हुई हैं–रावसाहब को देखकर फिर से अन्दर चली जाती हैं।]

रावसाहब : कोई खास वजह नहीं, इस तरफ से जा रहा था, सोचा मिलता चलूँ। सुना स्त्रियों के घेराव में फँस गये थे आप? वैसे बुरा तो नहीं है।

मुरार : सच कहा जाय, तो आपको ही होना चाहिए था मेरी जगह।

रावसाहब : अब हमें कौन पूछता है, मुरारराव! हमें तो अब ख़त्म ही समझो--

मुरार : होम डिपार्टमेण्ट की ऐसी कोई रिपोर्ट नहीं है।

रावसाहब : इतनी बारीक नज़र रखते हैं हम पर?

मुरार : मन्त्री है न आप। आपका संरक्षण ही तो सरकार का पहला काम है, रावसाहब!

रावसाहब : आपकी कृपा है साहब! लेकिन देखा जाय तो सरकार का पहला काम मुख्यमन्त्री पर व्यर्थ के आरोप लगाने वालों को कड़ी सज़ा देने का होना चाहिए। बहुत कीचड़ उछालता है वो गिरिराज वाला आप पर। कोई दिखा रहा था आज अख़बार, लेकिन हमने तो पढ़ा नहीं। यूँ ही गन्दी नाली में कौन हाथ डाले? कार्टून भी है शायद एक गन्दा। देखा या नहीं आपने?

मुरार : नहीं बाबा। इतना टाइम ही कहाँ है मेरे पास?

रावसाहब : ठीक है। लेकिन इस पर अब कोई एक्शन लेने का समय ज़रूर आ गया है। आखिर हर चीज़ की कोई हद होती है–

मुरार : अऽऽच्छा!

रावसाहब : यह वाहियातपना जितनी जल्दी हो सके, ख़त्म होना

चाहिए। केस कर दीजिए उस पर। कुछ भी हो आखिर हमारे राज्य के मुख्यमन्त्री हैं आप–

मुरार : ऐसा सोचते हैं आप?

रावसाहब : कुछ भी कहिए, आपने विरोधियों को बड़ी ढील दे रखी है–लोकतन्त्र वगैरह सब ठीक है–लेकिन–कोई हद होती है?

मुरार : ठीक है, लेकिन किस कदर तक हद...?

रावसाहब : आप एक्शन ले ही डालिए, दया बिल्कुल मत दिखाइए–मुकदमा कर दीजिए उस पर मान हानि का–

मुरार : इससे और भी ज़्यादा बिकेगा अख़बार, यही न?

रावसाहब : आँ? ज़्यादा बिक्री...

मुरार : वो गन्दी टीकायें लोग और भी ज़्यादा शौक से पढ़ेंगे। मानहानि के मुकदमे से हमारी और बदनामी होगी--विरोधियों के पौ बारह हो जायेंगे–और शायद हमें मुख्यमन्त्री पद से उठाकर बड़ी आसानी से फेंक दिया जायेगा–

रावसाहब : मेरे कहने का मतलब यह नहीं था–

मुरार : लेकिन यही सच है न? रावसाहब आपकी सलाह के लिए मैं आपका बड़ा आभारी हूँ। हमसे आपको बड़ा प्यार है।

रावसाहब : हाँ हाँ, बेशक–

मुरार : गुप्त रिपोर्ट में भी इसके काफी प्रमाण दिखाई दिये हैं हमें। खुद को धन्य मानते हैं हम।

रावसाहब : *(विषय बदलते हुए)* माँजी कहीं दिखाई नहीं दे रहीं?

मुरार : आपकी माँजी ना? अन्दर हैं।

रावसाहब : *(उठते हुए)* अच्छा। नमस्कार कह दीजिएगा। वैसे ही आ गया था। लेकिन विरोधियों के मामले में आप कोई कड़ा निर्णय लें, ऐसी मेरी बड़ी इच्छा है, मुराराव!

मुरार : विरोधियों का मतलब विरोधी दल वाले ही या घर के भेदी भी?

[कुछ क्षणों तक अजीब स्तब्धता। एकदम फ़ोन बजने लगता है।]

रावसाहब : *(निःश्वास छोड़कर)* फ़ोन बज रहा है।

मुरार : *(फ़ोन के पास जाकर रिसीवर लेते हुए)* यैस मोगरे?

मोगरे : *(लाइन पर ऑकवर्ड होकर)* साहब...

मुरार : टी.टी. न? भेज दीजिए उन्हें अन्दर... *(रिसीवर रख देते हैं।)* विरोधी दल के विरोधी को बुलवा लिया है।

रावसाहब : बहुत इन्तज़ार करवाया।

[टी.टी. आते हैं।]

मुरार : आइये टी.टी.! माफ करना। हाँ आपको थोड़ा इन्तज़ार करना पड़ा—

[टी.टी. चुप हैं। जेब से एक छोटी-सी पुड़िया निकालकर उसमें से भभूत जैसी कोई चीज़ रावसाहब के माथे पर लगाते हैं।]

रावसाहब : कैसी भभूत है, सत्यसाईं बाबा की है क्या? आखिर आप भी उस रास्ते पर चलने लगे...

[टी.टी. मुरारराव के माथे पर भभूत लगाते हैं]

टी.टी. : और क्या करें?

रावसाहब : अच्छा है, बहुत अच्छा है। जीवन में किसी न किसी शक्ति पर श्रद्धा होनी ही चाहिए। अच्छा, चलते हैं हम मुरारराव। दी हुई सूचना पर थोड़ा विचार कीजिए। राज्य की और दल की भलाई को देखते हुए ऐसी सूचना देना ज़रूरी समझा...भूल भी हो सकती है हमारी...अच्छा चलता हूँ।

[झुककर प्रणाम करके चले जाते हैं।]

मुरार : कैसे हो टी.टी., आजकल तो कभी इधर आना ही नहीं हुआ आपका...

टी.टी. : यहाँ एक मित्र रहा करते थे हमारे। आजकल वो यहाँ नहीं रहते।

मुरार : *(यह बात बुरी लगती है)* अच्छा? कहाँ गये वो?

टी.टी. : कौन जाने कहाँ गये। यहाँ नहीं रहते।

मुरार : तो आज आप यहाँ भूलकर आ गये हैं शायद?

टी.टी. : नहीं, मित्र से मिलने नहीं आया था। मुख्यमन्त्री से मिलने आया हूँ।

मुरार : अच्छा, अच्छा! क्या काम था मुख्यमन्त्री से?

टी.टी. : एक काम तो हो चुका!

मुरार : कौन-सा? *(थोड़ा रुककर)* वो भभूत?

टी.टी. : हाँ। *(बची हुई भभूत की पुड़िया देते हुए)* यह बची हुई भी रख लीजिए। प्रधानमन्त्री के लिए।

मुरार : प्रधानमन्त्री के लिए?

टी.टी. : पवित्र भभूत है! किसी बाबाजी की नहीं! खुद को ज़िन्दा जला डालने वाले एक इनसान की है, इस देश के एक अभागे प्रजाजन की है।

मुरार : *(उठकर खड़े हो जाते हैं। तीव्र स्वर में)* टी.टी.!

टी.टी. : विरोधियों का यह एक और गन्दा कारनामा है, यही आप कहेंगे न? लेकिन ऐसा कहकर उस मरने वाले गरीब का मज़ाक़ मत उड़ाइये, मुरारराव! उससे उसके हालात ने ऐसा करवाया और यह हालात इस देश और इस राज्य की सरकार द्वारा ही तो पैदा किये गये हैं!

मुरार : सूखा राज्य द्वारा पैदा किया गया है?

टी.टी. हाँ। अनाज का नहीं। अनाज का सूखा तो वैसे भी हर साल अपने देश में कहीं न कहीं पड़ता ही है। उससे निराश होकर कोई खुद को जला नहीं डालता। हमारे देश का आदमी बड़ा ढीठ है। लेकिन आपने जो सूखा पैदा किया है वो आशा का है।

मुरार : ऐसा आप लोग तो कहेंगे ही। आपका काम जो बनता है इससे। सरकार द्वारा किये गये कामों की तरफ ध्यान ना देकर उसके द्वारा ना किये जाने वाले कामों को बढ़ा-चढ़ाकर बताना—यही तो है आपकी राजनीति।

टी.टी. : वैसे टी.टी. सरकार द्वारा किया गया कोई काम हम भूलते नहीं। मसलन सत्ताईस तारीख का गोली-काण्ड।

मुरार : *(गुस्से से बेकाबू)* उसके हालात आप जैसे विरोधियों द्वारा पैदा किये गये थे, टी.टी!

टी.टी. : क्यों नहीं। इस सरकार को किसी भी तरह बदनाम करके उससे सत्ता खसोटना हमारे अस्तित्व के लिए जैसे ज़रूरी है। लेकिन क्या अपना दिमाग गिरवी रखकर पुलिस द्वारा गोली चलवाना काबिले-तारीफ है?

मुरार : कानून और व्यवस्था की दृष्टि से ऐसा निहायत ज़रूरी था। नहीं तो क्या दंगा-फसादियों के चुम्बन लेकर पुलिस उन्हें आलिंगन में लेती?

टी.टी. : जो मारे गये वो क्या दंगा-फसादिये थे? लँगड़ा भिखारी, सात साल का लड़का, घर के दरवाज़े में बैठकर चावल साफ करने वाली गृहिणी...

मुरार : एक बार गोली चलनी शुरू हो जाये तो प्रत्येक गोली बिल्कुल निशाना लगाकर नहीं दागी जाती। उस पर वो इलाका घनी बस्ती वाला था। यह बात जानते हुए भी आप जानबूझ कर चिल्ला रहे हैं टी.टी.?

टी.टी. : फिर वही बात! हम तो जानबूझकर चिल्लायेंगे, लेकिन आपके जुनूनों से लोकहित कैसे हो सकेगा? और वो लायसेन्स वाला मामला...

मुरार : उसकी चर्चा की यहाँ ज़रूरत नहीं–

टी.टी. : विधानसभा में भी आपने इसकी चर्चा नहीं होने दी–

मुरार : वो सभापति का निर्णय था।

टी.टी. : सभापति भी तो आपका था।

मुरार : यह सरासर आरोप लगाया जा रहा है...सभापति पर...

टी.टी. : लेकिन यह सच है।

मुरार : फिर खुलेआम लगाइये आरोप। मैं आपको चेतावनी देता हूँ, टी.टी.!

टी.टी. : बेवकूफों की तरह ऐसी चेतावनियाँ स्वीकार करके जेल जाने की इच्छा नहीं है हमारी। लेकिन इतना तो आप भी जानते हैं मुरारराव कि आरोप एकदम सही है। व्यर्थ मुकरने से क्या फायदा? लायसेन्स वाला झमेला भी सही है।

मुरार : अच्छा तो आज आप इसीलिए आये हैं? इतने दिनों बाद?

टी.टी. : आने का दूसरा कारण भी है। मैं आपको एक-दो सूचनाएँ पहले से देने आया हूँ।

मुरार : 'दोस्ती' की सूचनाएँ?

टी.टी. : नहीं, सिर्फ़ सूचनाएँ। हमारे मित्र आजकल यहाँ नहीं रहते। सूचनाएँ माननीय मुख्यमन्त्री के लिए ही हैं।

मुरार : क्या?

टी.टी. : खुद को जला डालने वाले उस आदमी की राख लेकर परसों हम प्रधानमन्त्री की गाड़ी के सामने लेटने वाले हैं। वो राख प्रधानमन्त्री अपने माथे से लगायें, यह हमारी माँग होगी।

मुरार : ऐसा आपको करने ही नहीं दिया जायेगा। इसकी पूरी व्यवस्था कर दी जायेगी।

टी.टी. : और हम यह करके रहेंगे। हमने भी इसकी पूरी व्यवस्था कर ली है। लायसेन्स-झमेले की चर्चा भी जब तक खुलकर नहीं होगी, तब तक विरोधी दल विधानसभा और विधान परिषद का काम ठीक से चलने नहीं देगा, आज हमने यह फैसला कर लिया है। कल से यह फैसला लागू किया जायेगा। हम पूरी ताकत से शोर मचायेंगे।

मुरार : *(गुस्से में)* बहुत अच्छा! सूचनाओं के लिए मुख्यमन्त्री आपके आभारी हैं।

टी.टी. : इससे अनेक विधायक बिल, बेकार बीच में लटक जायेंगे।

मुरार : उसकी फिक्र आप क्यों करते हैं?

टी.टी. : क्योंकि आपकी तरह, अभी हम बेशर्म नहीं हुए। लोगों ने हमें अपने कामों के लिए चुना है, इसका हमें अभी पूरा अहसास है।

मुरार : हमारे लोकहित के प्रयासों पर भी तुम जहरीली टीका करते हो, क्या यह उसी का सबूत है?

टी.टी. : वह टीका सिद्धान्त पर होती है, प्रयासों पर नहीं। मतलब वह टीका आप पर होती है।

मुरार : मतलब हम जनता की जो भलाई करते हैं, उसे आप नहीं चाहते—

टी.टी. : क्योंकि आपका सत्ता में रहना लोगों के हित में नहीं है, ऐसा हमारा विश्वास है। जो सरकार निरपराध लोगों पर गोलियाँ चलवाती है, जहाँ आदमी खुद को ज़िन्दा जला डालते हैं और सरकार के कान पर जूँ तक नहीं रेंगती, बल्कि वह समाज के भ्रष्ट सरमायेदारों और अपराधियों को संरक्षण देती है, और इसी भ्रष्टाचार की मिलीभगत

के दम से अपना अस्तित्व बनाये रखती है, वह धोखे के सिवा और क्या हो सकती है?

मुरार : तो आप आ जाइये सत्ता में, तब अच्छी तरह समझ जायेंगे कि बेबुनियाद प्रतिक्रियाएँ दिखाना कितना आसान होता है...

टी.टी. : आप खाली तो कीजिए कुर्सियाँ, एक बार सत्ता देकर हमें एक्स्पोज करने के लिए। इसके लिए भी कुर्सियाँ नहीं छोड़ सकते आप? अरे कपड़े उतार लिए जायें तो भी कुर्सी पकड़े रहेंगे आप...। नंगे रह लेंगे, पर सत्ता के बिना नहीं सरेगा आपका—!

मुरार : *(एकदम भड़क उठते हैं।)* स्टॉप इट! स्टॉप इट आय से! *(कमीज की बाँहें ऊपर करते हुए)* साला भैनचोद! बन्द करो बकवास नहीं तो...

टी.टी. : चलो हो जाने दो, मैं भी किसी कच्चे गुरु का चेला नहीं हूँ। *(दोनों की पोज़ीशन द्वन्द्वयुद्ध की। नौकर आकर जल्दी से झाँकते हैं। यह सुनकर मंजुलाबाई भी अन्दर से आ जाती हैं।)*

मंजुला : *(देखकर)* क्या हुआ? कौन है? टी.टी.!

टी.टी. : *(ढीले पड़कर)* नमस्कार भाभी जी!

मंजुला : क्या हो रहा था? क्यों गुस्सा दिलवाया इन्हें? *(मुरारराव से)* आप शान्त हो जाइये। ब्लडप्रेशर की तकलीफ है आपको, इतना गुस्सा क्यों करते हैं? डॉक्टर ने क्या बताया है? बिल्कुल शान्त रहिए दस मिनट तक आँखें बन्द करके चुपचाप बैठे रहिए यहाँ *(उन्हें एक तरफ बिठा देती हैं। टी.टी. को ज़रा एक तरफ ले जा कर)* आप क्यों नहीं समझते टी.टी.! पहले से ही राज्य की जिम्मेदारी इनके सर पर है और आप हैं कि बेवक़्त आकर आदमी को और गुस्सा दिलाते हैं।

टी.टी. : मैंने गुस्सा नहीं दिलवाया। खुद गुस्सा हो गये। मैं तो सिर्फ़ हालात से वाकिफ करा रहा था उन्हें।

मंजुला : लेकिन अभी ना कराते, तो क्या बिगड़ जाता? आजकल ब्लडप्रेशर बहुत बढ़ने लग गया है इनका।

टी.टी. : हमारा भी बढ़ने लग गया है। अभी परसों चेक-अप करवाया है।

मंजुला : तो फिर आपको बहुत सँभलकर रहना चाहिए। *(कुछ सूझता है। उत्साह से)* मैं कहती हूँ—आप ऐसा क्यों नहीं करते?

टी.टी. : क्या?

मंजुला : आप—मतलब विरोधी दल—साल भर के लिए अपना विरोध अपने तक ही क्यों नहीं रख लेते?

टी.टी. : अच्छा!

मंजुला : ज़्यादा नहीं। सिर्फ़ साल-भर। मैं सोचती हूँ रोज़-रोज़ के विरोध से किसी का भी ब्लडप्रेशर बढ़ सकता है।

टी.टी. : सर चकरा जाता है। रोज़-रोज़ वही आरोप, वही प्रमाण। लेकिन इन लोगों पर किसी तरह के असर का तो नाम ही मत लो।

मंजुला : इसीलिए तो कह रही हूँ, साल-भर विरोध बन्द करके देखिए।

टी.टी. : और उन्हें क्या मनमानी करने दें?

मंजुला : वैसे भी नतीजा क्या होता है? आप ही तो कह रहे थे कि सारी मुसीबतें आप को ही हैं।

टी.टी. : मान लेते हैं कि साल-भर मनमानी करके, थक जायें ये शायद ज़रूरी नहीं। लेकिन हाँ एक सम्भावना है, पेट भर खाने के बाद कुछ देर के लिए आदमी की खाने की वासना मर जाती है। तो शायद थोड़े दिन के लिए इनका काम भी सफाई से चलने लगे।

मंजुला : क्या बात कही है! तो फिर अमल कब से करना शुरू करेंगे?

टी.टी. : मैं कौन होता हूँ अमल करने वाला? और भी तो लोग हैं हमारे—प्रतिदिन सरकार का विरोध करते-करते विरोध की आदत ही हो गयी है उनकी। आपस में भी हमेशा विरोध!

मंजुला : उन्हें समझाइये।

टी.टी. : ऐसा कीजिए भाभी जी! एक बार आप खुद आकर क्यों नहीं समझातीं?

मंजुला : लेकिन मेरा आना ठीक नहीं होगा। मुख्यमन्त्री की पत्नी विरोधी दल की सभा में! इनकी इमेज को चोट नहीं आयेगी क्या?

टी.टी. : यह तो सच है। लेकिन बाद में ऐसी घोषणा करवा दीजिए कि मेरे पति मेरी इस भूमिका से सहमत नहीं हैं। एक व्यक्ति के नाते अपनी भूमिका अलग से सामने रखने का मुझे पूरा हक है। नहीं तो वेश बदलकर सभा में आ जाइये।

मंजुला : *(उत्साह से)* मुझसे हो सकेगा ऐसा? स्कूल में नाटक में काम किया करती थी।

टी.टी. : मुख्यमन्त्री की पत्नी से क्या नहीं होगा? जो दिल में आये, वह कर सकती हैं आप। अभी ही देख लीजिए न, पूरे देश में न मिलने वाली चीजें आपको आसानी से हासिल हैं।

मंजुला : हासिल नहीं की हैं, ख़ुद-ब-ख़ुद चली आयी हैं। यह मुख्यमन्त्री हैं न; इसीलिए कोई न कोई भेंट देता रहता है। मना करने पर भी मानते थोड़े हैं लोग?

टी.टी. : सच कह रही हैं!

मंजुला : कई बार तो इन्हें पता भी नहीं होता। मुझे ही लेना पड़ता है। उन्हें बताइये नहीं, हाँ। वैसे तो कहीं भी मत बताइए। बेकार बात का बतंगड़ बनेगा।

टी.टी. : बिल्कुल नहीं बताऊँगा। लेकिन आता कौन-कौन है भाभी जी, वह सारी चीजें लेकर?

मंजुला : किसी से कहेंगे तो नहीं?

टी.टी. : नहीं।

मंजुला : छोड़िए—

टी.टी. : बताइए भी—

मंजुला : नानालाल, जमनादास, वो यूनुस मुहम्मद, अशोक सेठिया, और भी बहुत-से आते हैं। अच्छे हैं सभी लोग।

टी.टी. : होंगे ही। और कौन-कौन?

मंजुला : नहीं, इतने काफी हैं।

टी.टी. : फिर भी?

मंजुला : छोड़िए ना। नाम में क्या रखा है?

टी.टी. : कुछ नहीं। *(उठते हैं)* अच्छा भाभी जी, चलता हूँ अब मैं।

मंजुला : तो मैं आऊँ आपकी सभा में? क्योंकि भाषण पहले से तैयार करना पड़ेगा मुझे—

टी.टी. : भाषण तैयार रखिए आप। कहीं-ना-कहीं काम आ ही जायेगा।

मंजुला : और कुछ नहीं, उनके सर का बोझ थोड़ा हल्का कर सकूँ, यही सोचती हूँ।

टी.टी. : ठीक सोचती हैं।

मंजुला : और एक बात मेरे दिल में थी। पूछूँ?

टी.टी : बेशक!

मंजुला : दूसरे किसी को पूछो भी तो मुसीबत! बाय दी वे, ये अभिनेत्री तिलोत्तमा कैसी है?

टी.टी. : अभिनेत्री तिलोत्तमा! क्यों भई? अभिनेत्री की पूछ-ताछ क्यों?

मंजुला : ऐसे ही। कैसी है वो?

टी.टी. : पता नहीं। आपके पति के पीछे पड़ी रहने वाली इन अभिनेत्रियों की एन्क्वायरी करने का समय कहाँ होता है हमारे पास! लेकिन जब अभिनेत्री है वो सुन्दर होगी ही।

मंजुला : जवान भी होगी?

टी.टी. : बिल्कुल! सेक्सी भी होगी!

मंजुला : तो फिर ठीक ही है।

टी.टी. : क्या? क्या ठीक है?

मंजुला : कुछ नहीं। यह पेपर वाले कुछ भी छाप देते हैं। आज उस गिरिराज में पढ़ा था।

टी.टी. : किसके बारे में?

मंजुला : आपने नहीं पढ़ा? ये—और वह—एक बड़े होटल में—आगे नहीं बता सकती। कुछ भी हो हम सभ्य लोग हैं। पेपर वालों के मुँह कौन लगे? लेकिन इनकी बहुत भद्द उड़ गयी। उम्र भी तो हो गयी है अब इनकी। पर मैं कहती

हूँ, चीफ़ मिनिस्टर के बारे में लोग ऐसे कैसे छाप सकते हैं?

टी.टी. : उन्हें तो जेल में बन्द करवा देना चाहिए। आप कहिए मुरारराव से।

मंजुला : सीधे नाम तक ले लेते हैं।

टी.टी. : कमाल है उनकी!

मंजुला : मैं तो केस करने की सोच रही हूँ। मैं चीफ़ मिनिस्टर की पत्नी हूँ। मुझे अपने पति की इमेज का कुछ तो अभिमान होना चाहिए।

टी.टी. : बेशक होना चाहिए! तो फिर चलूँ मैं?

मंजुला : हाँ। जब आपके दल की मीटिंग हो तब खबर भिजवा दीजिए।

टी.टी. : ज़रूर।

[टी.टी. जाते हैं। फ़ोन बजने लगता है–मंजुलाबाई फ़ोन लेती हैं।]

मंजुला : *(रिसीवर पर)* हैलो–चीफ़ मिनिस्टर नहीं हैं–नहीं हैं याने नहीं हैं, एक दफा कहा ना! फिर? मैं उनकी पत्नी बोल रही हूँ। आप कौन? कौन नानालाल? नानालाल जमनादास? *(एकदम ध्यान आकर)* हाँ, हाँ। आप हैं, वो नानालाल? कैसे हैं? पकड़े गये थे? जमानत पर छूटे हैं? आप जैसे इनसान को भी पकड़ते हैं, कमाल है इन पुलिस वालों की भी! हीरे की अँगूठी ना? ठीक आ गयी थी। बहुत अच्छी है। इनसे मिलना है? आइए न, आइए। कब आयेंगे? हाँ, हाँ रात को देर से ना? ज़रूर आइए। पीछे का दरवाज़ा खुला रखूँगी। आप जैसों के लिए तो हमारे बंगले के सभी दरवाज़े हमेशा के लिए खुले हैं नानालाल जी, आइएगा नानालाल जी, आइएगा। हाँ खबर कर दूँगी। अच्छा! *(रिसीवर रख देती है।)*

[अँधेरा।
फिर प्रकाश।
वही दीवानखाना। हल्की रोशनी में सिगरेट पीते हुए कोई पीठ किए हुए बैठा है। घड़ी की टिक-टिक। मुरारराव आते हैं।]

मुरार : *(बड़ी लाइट जलाते हुए)* कहिए नानालाल जी!

[वो बैठा हुआ आदमी एकदम से घूम जाता है। नाक पर गॉगल। दाढ़ी नहीं है। पहली नज़र में पहचान में नहीं आता।]

मुरार : *(घबराकर)* कौन? *(शरीर काँप रहा है।)* कौन–कौन हैं आप?

सिन्दकर : पहचाना नहीं प्यारे?

मुरार : प्यारे! कौन प्यारे?

सिन्दकर : तेरी ज़िन्दगी का पार्टनर!

मुरार : कैसा पार्टनर! कौन पार्टनर!

सिन्दकर : मैं तेरा भाई। खाना जो मिले दोनों खायें, खुशी-खुशी डकार लें।

मुरार : एकदम पागल दिखता है।

सिन्दकर : और तू! उल्लू का पट्ठा! *(रहस्यपूर्ण हँसी हँसता है।)*

मुरार : मुँह सँभालकर बात कर...नानालाल कहाँ हैं?

सिन्दकर : *(मुरारराव की पीठ पर थपकी देते हुए)* अबे छोड़ यार नानालाल की बात...

मुरार : *(दूर होते हुए)* किसकी पीठ पर थपकी दे रहा है? और ऊपर से ये बेअदबी!

सिन्दकर : *(लाड़ से मुरारराव का कॉलर खींचते हुए)* मारूँ! मारूँ! क्यों बे! इतनें दिनों के बाद मिला है और ऊपर से अकड़ता है! *(कॉलर छोड़कर)* चल पान निकाल!

मुरार : नौकर नहीं हूँ...

सिन्दकर : खाली-पीली बकबक मत कर यार, पान बना। बना तो!

मुरार : तू... *(पहचान कर)* सिन्दकर! भैया सिन्दकर!

सिन्दकर : नहीं तो क्या उसका बाप? *(मुरारराव के गले में हाथ डालकर)* कितने दिनों के बाद मिले हैं हम, है ना?

मुरार : *(अपने आप को छुड़ाते हुए)* गले से हाथ हटा पहले।

सिन्दकर : *(हाथ हटाते हुए)* अच्छा यार, ले हटा ही लिया। लेकिन बहुत खुशी हुई तुझसे मिलकर। रोज़ सोचता था आज मिलूँगा, कल मिलूँगा, लेकिन मिल ही नहीं सका। शहर से बाहर था मैं।

मुरार : शहर से बाहर?

सिन्दकर : एक-दो जगह मारपीट की। पुलिस ने शहर से बाहर निकाल दिया। आज मेरी सज़ा का वक़्त पूरा हो गया, सोचा पहले तुझी से मिल लूँ।

मुरार : राज्य के मुख्यमन्त्री के साथ एकवचन में बात कर रहा है तू?

सिन्दकर : हम तो भगवान से भी यूँ ही बात करते हैं एकवचन में, यार-यार करके, और तू तो मेरा पार्टनर है, मेरा दोस्त! मेरा भाई! एक थाली में खायें *(हँसता है)* हमें तो हमेशा तेरी अपनी उस मुलाकात की याद आती है। बड़ा मज़ा आया था!

मुरार : क्या काम है मुझसे?

सिन्दकर : गोली मार काम को। इतने दिन के बाद मिला है, बड़ा अच्छा लग रहा है।

(एकदम मुरारराव को नीचे गिराकर उनकी छाती पर सवार हो जाता है। फिर हँसते हुए) ऐसे ही गिराया था ना तूने मुझे उस रात, याद है?

मुरार : *(साँस फूली हुई)* पहले तू एक तरफ हो। उठ! कोई देख लेगा।

सिन्दकर : *(उठकर दूर होते हुए)* ले हो गया यार, सब कुछ याद आ रहा है। *(इधर-उधर घूमते हुए)* तुझे याद है?

मुरार : *(बड़ी मुश्किल से उठकर, कपड़े झाड़ते हुए)* तुझे काम क्या है बता, और यहाँ से जा। मैं खाली नहीं हूँ।

सिन्दकर : इतनी रात को भी तू खाली नहीं है? *(गाल पर प्यार से चपत लगाते हुए)* क्यों रे मुरारी?

मुरार : *(गाल झटकते हुए)* मुरारराव!

सिन्दकर : एक ज़िन्दगी के हिस्सेदार हैं हम! लेकिन तू तो है मुरारराव, और मैं? मैं क्या सिर्फ़ 'भैया'? तू मुख्यमन्त्री और मैं शहर से निकला हुए एक गुण्डा? साली अजीब बात है। हम एक फोटो खिंचवा लेते!

मुरार : कोई काम हो तो बता, नहीं तो चलता दिख यहाँ से।

सिन्दकर : अबे मुरारी के बच्चे, किसके सामने नखरे दिखाता है? साले मेरी वजह से तू है। मैंने तुझे अपनी किडनी दी,

इसीलिए तू बच गया। मेरी किडनी पर जी रहा है और मुझी से अकड़ता है? ए—क दूँगा...
(हाथ उठाता है। मुरारराव पीछे हट जाते हैं। सिन्दकर हाथ नीचे करके हँसते हुए) डरपोक! हम इतने निडर और साले तू मुख्यमन्त्री होकर भी इतना डरपोक? हमारा पार्टनर! *(जेब से चारमिनार सिगरेट का पैकेट निकालकर एक सिगरेट मुँह में लेकर, फिर मुरारराव को ऑफर करते हुए)* ले! सिगरेट ले। ले भी यार। चाहे तूने पान नहीं खिलाया, लेकिन हम तुझे सिगरेट पिलायेंगे। ले *(डाँटकर)* ले!

[मुरारराव जल्दी से सिगरेट ले लेते हैं। सिन्दकर पहले अपनी सिगरेट सुलगाता है, फिर मुरारराव की।]

सिन्दकर : *(कश ले कर)* मजा आ गया, काम-काज कैसा चल रहा है तेरा! सब कुछ जोश में है न? मज़ा आता है न मुख्यमन्त्री बन के? क्यों बे कितना पैसा बना लिया? दो- चार करोड़? या पाँच-पचास लाख? साला हम कहीं बकेगा नहीं यार...तूने क्या कहा था, याद है? शरीर दो हैं, पर आत्मा एक है! आत्मा याने? किडनी? हाँ तो कितनी एस्टेट बना ली? कुछ गड़बड़ घोटाला? उस लायसेन्स के घोटाले से कितने बना लिए?

मुरार : गोली...गोली नहीं है शायद तेरे पास? गोली!

सिन्दकर : क्यों? तुझे चाहिए? तेरे पास तो दूसरी गोली है। *(बन्दूक दागने जैसा इशारा करता है।)* साली एकदम ऊपर पहुँचा देने वाली! सात साल के लड़के को गोली मारता है तू? सुना है घर में बैठी चावल साफ करने वाली औरत को भी तू सीधे ऊपर पहुँचा देता है। साला लँगड़े भिखारी को भी गोली!

मुरार : वह मैंने नहीं चलायी।

सिन्दकर : हट साले, कबूल करने की भी हिम्मत नहीं है तेरे पास।

मुरार : हिम्मत का सवाल नहीं है यह। जहाँ-जहाँ गोली चले वहाँ-वहाँ मुख्यमन्त्री खुद भी हाजिर हो, अगर ऐसी लोगों की माँग हो तो...

सिन्दकर : *(नाक की एक साइड पर उँगली रखकर)* नखरे कितने करता है? किडनी की कसम ले कर बोल यार...

मुरार : तेरा काम क्या है? तू बस उतना कह दे। रात बहुत हो रही है। सुबह फिर मुझे बहुत से काम हैं। सुबह जल्दी उठकर कुछ फाइलें भी देखनी हैं।

सिन्दकर : वैसे देखा जाय तो शहर के सारे दादा और दारू-भट्ठी वाले तेरे दल में हैं।

मुरार : फालतू बातें नहीं चाहिए—

सिन्दकर : ऑल-राइट! नहीं चाहिए तो ना सही। तूने एक बार हमसे वचन लिया था, याद है? तुझे याद ना हो तो कोई बात नहीं। पर मुझे अच्छी तरह से याद है। ज़िन्दगी में हमें किसी चीज़ की ज़रूरत आन पड़े तो हम तुझी से माँगें। मेरी छाती पर बैठकर तूने यह वचन लिया था। याद आया?

मुरार : लिया होगा।

सिन्दकर : चाहे तू ना हो, लेकिन हम वचन के सच्चे हैं। वह वचन हम कभी भूले नहीं। पर साला तेरे से कुछ माँगा जाय, ऐसा कभी हमें लगा ही नहीं। आजकल लगने लगा है कि कुछ माँग ही लिया जाय। माँगना ही पड़ेगा। सिर्फ़ वह तू दे सकता है और मैं माँग सकता हूँ।

मुरार : ऐसा क्या है?

सिन्दकर : *(कश लेकर शान्त स्वर में)* किडनी!

मुरार : क्या?

सिन्दकर : मेरी किडनी। वही—जो तेरे पेट में लगाई गयी थी। या उसे भी भूल गया!

मुरार : हाँ!

सिन्दकर : कब देगा?

मुरार : क्या?

सिन्दकर : मेरी किडनी मुझे वापस कब देगा?

मुरार : होश में तो है ना तू?

सिन्दकर : देख यार, नखरे मत कर। किडनी की बात कर!

मुरार : अरे क्या कह रहा तू?

सिन्दकर : अपनी किडनी हमें वापिस चाहिए बस!

मुरार : किडनी-विडनी भी कहीं वापिस माँगी जाती है...

सिन्दकर : हम माँग रहे हैं। हमें चाहिए वह। तूने क्या कहा था, याद कर। मुझे कभी भी कुछ चाहिए हो तो तुझसे ही माँगूँ। मुझसे ऐसा वचन लिया था तूने।

मुरार : इसका यह मतलब नहीं कि तू किडनी माँगे।

सिन्दकर : यह हमारे मर्जी की बात है। हमारे दिल में जो आयेगा वही माँगेंगे। यह मत माँगना, वह माँगना, ऐसा उस वक़्त तूने कहा था क्या?

मुरार : लेकिन ऐसी अजीब माँग...

सिन्दकर : यार, सँभलकर बात कर। किडनी किसकी है?

मुरार : जब ली थी तब तेरी थी—

सिन्दकर : उसी की वजह से तू ज़िन्दा रहा है ना? साफ़-साफ़ बोल...

मुरार : हाँ!

सिन्दकर : इसका मतलब मेरी वजह से तू जिया। तेरे ज़िन्दा रहने में मेरी हिस्सेदारी है। ऐसा तूने ही कहा था।

मुरार : इसीलिए क्या किडनी...

सिन्दकर : बहुत हो चुकी हमारी हिस्सेदारी। आगे से हमें नहीं चाहिए तेरी हिस्सेदारी। जब अपना हिस्सा हमें वापिस चाहिए, तो किडनी ही तो माँगूँगा? बोल! नहीं माँगूँगा क्या?

मुरार : यह देख सिन्दकर—

सिन्दकर : चीफ़ मिनिस्टर, खाली-पीली, फिजूल बातें मत कर। जब मैंने तुझे किडनी दी थी तब किसी ने हमसे जबरदस्ती की थी क्या? हमारी खुशी का सवाल था न वो। हमने तुझे देखा तक नहीं था, काला है या गोरा है। तू तब चीफ़ मिनिस्टर कहाँ था? साला तू कौन था, यह भी हम नहीं जानते थे। मैंने तुझे किडनी क्यों दी? सिर्फ़ अपनी खुशी। बस। अब वैसे ही अपनी किडनी हमें वापस चाहिए...हमारी खुशी। बोल कब देगा?

मुरार : *(होशियार होने लगते हैं)* देख सिन्दकर, कल सुबह, नहीं तो परसों मेरे पी.ए. को फ़ोन करके अपॉइण्टमेण्ट ले ले, फिर हम इसके बारे में...

सिन्दकर : नहीं अपने पास टाइम नहीं है। अभी ठहरा ले जो ठहराना है।

मुरार : लेकिन तू अभी सुनने की हालत में नहीं है।

सिन्दकर : क्योंकि अपना विचार पक्का है। अपनी चीज़ कब वापिस लेनी है, इसका फैसला कोई दूसरा क्यों करे? खुद फैसला करेंगे। तेरे साथ हमें हिस्सेदारी नहीं चाहिए, बऽऽस! ज़्यादा बोलने की ज़रूरत नहीं है। तू हमारी किडनी लौटा दे, मामला ख़त्म!

मुरार : पैसे लौटाने की तरह आसान तो नहीं है यह?

सिन्दकर : जब हमने तुझे किडनी दी थी, तब क्या आसान था? साला, ज़िन्दगी और मौत का सवाल था। बड़ा ऑपरेशन था। तब दी थी या नहीं हमने किडनी?

मुरार : लेकिन...

सिन्दकर : जैसे दी थी, वैसे हम वापिस माँगते हैं। लेते वक़्त कैसे जल्दी से ले ली थी? वैसे ही दे डाल अब!

मुरार : देख सिन्दकर, किडनी देने के तेरे हौसले की जितनी तारीफ की जाय, उतनी कम है–

सिन्दकर : बकबक मत कर। किडनी दे!

मुरार : ठीक है। हम इस सवाल पर ज़रा अच्छी तरह सोचते हैं। सिन्दकर! तेरे दिल में यह ख़याल आया कैसे?

सिन्दकर : सच कहूँ चीफ़ मिनिस्टर? साली एक दिन सुबह हमें जाग आयी और सोचा कि एक इनसान की ज़िन्दगी के हम हिस्सेदार हैं। पार्टनर हैं। हमारी एक किडनी उसके पेट में है। और अपने पास साली एक ही किडनी है। और वो हमारा पार्टनर याने तू है...! एकदम साला सर फिर गया। ऐसा कमीना पार्टनर? ऐसे काले धन्धे में हिस्सेदारी? गरीबों के पेट काटकर राज्य में लफड़ेबाजी करने वाले इनसान के साथ पार्टनरशिप? साला इससे तो शराब की भट्ठीवाला अच्छा है!

मुरार : सिन्दकर, तेरा दिमाग भी शायद विरोधियों और अख़बारवालों के ऊल-जलूल प्रचार से बिगड़ गया है।

सिन्दकर : झूठ! हम कभी अख़बार पढ़ते ही नहीं। लेकिन हर जगह

घूमते हैं हम और आँख, कान खुले रखते हैं। चाहे बाकी सब कुछ नशे में गायब हो जाय *(सर की तरफ इशारा करते हुए)* पर यह होश में रहता है। सब चीज़ें बराबर अन्दर नोट होती रहती हैं। चीफ़ मिनिस्टर, तू पत्थर दिल इनसान, गरीबों को तंग करता है। अमीरों के मजे करवाकर, उनसे समझौता करके अपनी जेबें भरने वाला, तू बहुत बड़ा जेबकतरा है।

मुरार : सिन्दकर!

सिन्दकर : तू बेगुनाहों की जान लेकर अपनी जान बचाने वाला जालिम खूनी है।

मुरार : शटअप सिन्दकर...

सिन्दकर : तू शरीफ लोगों से वोट निगलकर डाकुओं के दल में शामिल एक धोखेबाज लीडर है।

मुरार : सिन्दकर, एक चीफ़ मिनिस्टर के सामने यह सब बक रहा है तू?

सिन्दकर : तू सिर्फ़ चीफ़ मिनिस्टर की खाल ओढ़ने वाला डरपोक गीदड़ है। सब लोग भी यही कहते हैं।

मुरार : तुझे—तुझे जेल भिजवा दूँगा। देशनिकाला दूँगा।

सिन्दकर : ए, डर किसे दिखाता है? हम यह सब कुछ कर चुके हैं! हमारी किडनी निकाल दे, बस। बाकी बातें फिर। ऐसे नालायक और पत्थर दिल इनसान से पार्टनरशिप? अरे हट! पार्टनरशिप ख़त्म होनी ही चाहिए अब!

मुरार : मेरे बारे में विरोधियों द्वारा फैलाई गयी बातों से तुझे गलतफहमी हो गयी है सिन्दकर।

सिन्दकर : तेरे विरोधी साले कौन और कहाँ रहते हैं, हम जानते भी नहीं। अपनी सारी फैमियाँ तो लोगों के कहने से बनी हैं।

मुरार : लोगों का क्या? वे तो विरोधियों के प्रचार पर से बलि होते हैं...

सिन्दकर : क्योंकि उनकी हालत तो पहले से ही खराब होती है। उनका जीना नरक बन चुका होता है। उनके वोट निगलकर, उनकी तरफ से मुँह फिराकर राज़ करने

वाले तुम उन लोगों को दिखाई देते हो, इसीलिए। चीफ़ मिनिस्टर! तुम्हें लगता है कि तुम आँखें बन्द कर लोगे, तो शायद तुम्हें कोई नहीं देख सकेगा। लेकिन लोग देखते हैं—बाकायदा!

मुरार : किसी विरोध करने वाले धन्धेबाज की तरह बोल रहा है तू...

सिन्दकर : गाली मत दे। हम अपनी तरह से जीते हैं, और बोलते हैं। किडनी दी थी तब भी ऐसे ही जीते थे, वो वापिस माँग रहे हैं, तब भी ऐसे ही जी रहे हैं। अपनी मर्ज़ी से। लोग जो कुछ बोल रहे हैं, वो अगर झूठ हो तो खा माँ की कसम और कह यह सब कुछ झूठ है। कह ना!

मुरार : माँ कसम, यह सब कुछ झूठ है।

सिन्दकर : *(डिसगस्ट से)* अरे रे! चीफ़ मिनिस्टर, सत्ता ने तेरे अन्दर के इनसान को इतना झूठा बना डाला है? इतना? माँ की कसम तक खा गया तू? लोग जो कहते हैं उनमें से ज़्यादातर बातें सौ फीसदी सच हैं। उसका प्रमाण पूरा शहर चिल्ला-चिल्लाकर दे रहा है।

मुरार : बैठ ना। हम कुछ बियर-वियर पीते हैं...

सिन्दकर : नहीं! पार्टनरशिप ख़त्म। *(मुरारराव के पेट में उँगलियाँ ठुँसाकर)* किडनी वापिस दे, चल या मैं खुद ही निकाल लूँ?

मुरार : अरे, लेकिन! कोई आ गया तो...

सिन्दकर : हम किसी से डरते नहीं हैं। जो अपना है, हम उसे वापिस माँग रहे हैं। साला कोर्ट भी इसमें कुछ नहीं कर सकता।

मुरार : मैं किडनी वापिस नहीं दूँगा—अगर मैंने ऐसा कहा तो?

सिन्दकर : तू कह सकता है। तू चालाक है। मुझसे वचन ले लिया, लेकिन तूने वचन नहीं दिया।

मुरार : *(खुश हो कर)* यही तो...

सिन्दकर : *(पैंट में से एक अजीब-सा दिखाई देने वाला लोहे का कुछ निकालता है।)*

मुरार : क्या है वो?

सिन्दकर : किडनी वापिस पाने का तरीका।

मुरार : ओः नो!

सिन्दकर : *(वो अजीब-सा हथियार खींचकर लम्बा और लम्बा किये जाता है।)* साला एकदम रामबाण!

मुरार : नहीं, नहीं।

[लाइट्स बदलते हैं।

सिन्दकर और उसके अजीब से हथियार की 'बिझार' छाया पीछे दिखाई पड़ती है। हथियार चमकने लगता है। सिन्दकर की आँखें भी चमकने लगती हैं। उनमें पागलपन की झलक है।]

सिन्दकर : चलो चीफ़ मिनिस्टर...

मुरार : नहीं, सिन्दकर! सवाल हल करने का यह रास्ता नहीं है—

सिन्दकर : कमीज़ ऊपर कर...ऊपर कर कमीज़...

मुरार : यह जबरदस्ती हो रही है...

सिन्दकर : पजामा नीचे कर...चल...किडनी...मेरी किडनी...

मुरार : बचाओ...कौन है उधर...सिन्दकर इसके लिए प्रधानमन्त्री तुझे कभी क्षमा नहीं करेंगे—

सिन्दकर : अपनी किडनी ले के ही रहूँगा मैं...बस्स...पार्टनरशिप ख़त्म...

[मुरारराव चिल्लाना चाहते हैं, लेकिन गले से कुछ दबी-दबी-सी आवाज़ें निकलती हैं। सिन्दकर उनकी तरफ जाने लगता है। मुरारराव की बहुत लम्बी चीख!

मुरारराव जेब से एक ऑड दिखाई देने वाला पिस्तौल निकाल कर सिन्दकर की तरफ उसका रुख किये हुए हैं। सिन्दकर आगे-आगे बढ़ रहा है। इस सब के साथ 'बिझार' बैक ग्राउंड म्यूजिक, जंगली जानवरों की आवाज़ें वगैरा। मुराराराव आँखें बन्द करके पिस्तौल दागते हैं। पिस्तौल में से पानी की एक बड़ी धारा निकलती है। भीगे हुए सिन्दकर का विकट हास्य। उसके हाथ में वो अजीब हथियार। मुरारराव पीछे-पीछे हो रहे हैं। भीगे हुए सिन्दकर को

छींक आने लगती है। उसके नाक में कुछ अजीब-सा हो रहा है, उसका ध्यान नहीं है। मुरारराव उसके पेट में घूँसा लगाते हैं। सिन्दकर को ज़ोर से छींक आती है, और मुरारराव इस आवाज़ से हड़बड़ाकर नीचे बैठ जाते हैं।

सिन्दकर फिर ज़ोर से हँसता है। अब वह बहुत पास आ चुका है। उसके हाथ में वो अजीब हथियार चमक रहा है। सिन्दकर की चमकती हुई आँखें। डरे हुए मुरारराव। उनकी लम्बी चीख!

अँधेरा। म्यूज़िक धीमा होता जा रहा है। प्रकाश।... फेड-सा।

फिर मंजुलाबाई आकर स्विच ऑन करती हैं। मुख्यमन्त्री की पत्नी को सूट करता हुआ नाइट गाउन, बालों में काफी पिनें वगैरह। मुरारराव टेबल के पास रखी कुर्सी पर पसीना-पसीना होकर किसी भ्रम में बैठे हैं।]

मंजुला : क्या हुआ? यों टारजन की तरह क्यों चिल्लाये?

मुरार : वो...वो...

मंजुला : कौन वो?

मुरार : वो...सिन्द...सिन्दकर...

मंजुला : सिन्दकर! वही जिसने आपको किडनी दी थी?

मुरार : बाप रे! भयंकर!

मंजुला : सपना तो नहीं देखा आपने?

मुरार : *(पेट को पकड़े हुए)* मेरी किडनी।

मंजुला : पर हुआ क्या?

मुरार : वो गया कहाँ? सिन्द–सिन्दकर?

मंजुला : अजी वो तो कब का मर गया...

मुरार : क्या!

मंजुला : हाँ वहीं सिन्दकर न? वो मर गया। दो महीने हो चुके। उसकी जो एक किडनी बच गयी थी वो बेकार हो गयी थी। दूसरी मिली नहीं, इसलिए मर गया। मैंने आपको जानबूझकर ही नहीं बताया।

मुरार : *(लम्बी साँस छोड़ते हैं।)*

मंजुला : वो सपने में आया था क्या?

मुरार : बाप रे!

मंजुला : ऐसे टेढ़े-मेढ़े होकर बैठे-बैठे सो जाने से ऐसे ही अनाप-शनाप सपने आते हैं आपको। फिर भी आप ऐसे ही सोते हैं। अन्दर चलकर ठीक से सोइए। चलिए। कोई नहीं है सिन्दकर-फिन्दकर। सब आपके खयाली चक्कर हैं। चलिए!

[मुरारराव उठते हैं। अनजाने दोनों हाथ पेट पर। मंजुलाबाई के पीछे वैसे ही चलते हैं। फिर एकदम रुक जाते हैं। खुद-ब-खुद हँसते हैं। हाथ नीचे करके मजे में चलते हुए अन्दर चले जाते हैं। बैक ग्राउण्ड पर इस दृश्य को सूट करने वाला पुलिस बैण्ड शुरू हो जाता है। मुरारराव के अन्दर चले जाने पर अँधेरा। सफेद परदे पर प्रकाश।

पुलिस बैण्ड शुरू। परदे पर अचकन डाले हुए मुरारराव गार्ड ऑफ ऑनर लेते हुए। सीधे खड़े हैं। सलाम करने की मुद्रा में। पेट खासा मोटा दिखाई दे रहा है।

पुलिस बैंड के साथ-साथ थोड़ी-थोड़ी देर बाद दूर से सुनाई पड़ने वाली तोपों की आवाज़ें भी सुनाई देने लगती हैं। क्रमशः अँधेरा।

पुलिस बैण्ड चालू रहता है।

और तोपों की आवाज़ें भी।]

[परदा का गिरना]

□□